国际商务谈判策略与技巧研究

余露露　著

中国商业出版社

图书在版编目（CIP）数据

国际商务谈判策略与技巧研究 / 余露露著. -- 北京 : 中国商业出版社, 2025. 2. -- ISBN 978-7-5208-3324-0

Ⅰ. F740.41

中国国家版本馆 CIP 数据核字第 20250S6Q49 号

责任编辑：管明林

中国商业出版社出版发行

（www.zgsycb.com　100053　北京广安门内报国寺 1 号）

总编室：010-63180647　编辑室：010-83114579

发行部：010-83120835/8286

新华书店经销

天津和萱印刷有限公司印刷

*

787 毫米 × 1092 毫米　16 开　9.25 印张　160 千字

2025 年 2 月第 1 版　2025 年 2 月第 1 次印刷

定价：45.00 元

*　*　*　*

前　言

在全球化的今天，国际商务谈判已成为企业拓展海外市场、实现跨国合作的重要桥梁。随着国际贸易的不断发展，国际商务谈判不仅是商品和服务的交换过程，也是文化、价值观和管理理念的交流与碰撞。因此，掌握并运用有效的国际商务谈判策略与技巧，对于企业在激烈的市场竞争中脱颖而出、实现可持续发展具有重要意义。

本书首先概述了国际商务谈判的基础知识，接着介绍了国际商务谈判开局策略与技巧，进而分别对国际商务谈判沟通策略与技巧、国际商务谈判磋商策略与技巧、国际商务谈判成交策略与技巧进行了深入探讨。希望通过本书的介绍，能够为读者在了解和应用国际商务谈判策略与技巧方面提供帮助。

本书在写作过程中参考和借鉴了一些学者的文献资料，在此向他们表示衷心的感谢！另外，由于时间仓促，书中难免存在一些纰漏，衷心希望广大读者能够提出宝贵意见和建议，以使本书得到进一步完善。

余露露

2024 年 11 月

目　录

第一章　国际商务谈判概述

第一节　国际商务谈判的定义与内涵

一、国际商务谈判的定义

国际商务谈判是指在商业环境中，两个或多个当事方通过沟通与协商，以达成某种利益交换或解决争端为目的的互动过程。其核心内涵不仅限于简单的交易行为，更涉及复杂的战略规划与关系管理。国际商务谈判的目标与目的主要包括达成协议、建立合作关系以及解决争端等多种功能。在国际商务背景下，谈判者需具备跨文化沟通能力，以应对不同文化背景下的谈判挑战。国际商务谈判不仅是利益的博弈，也是信任的建立与维护，是一种动态的、持续的互动过程。

国际商务谈判的目标与目的，主要包括达成协议、建立合作关系以及解决争端等。达成协议是国际商务谈判的直接目标，通过谈判，各方可以在利益诉求上找到一个共同点，实现互利共赢。此外，国际商务谈判还肩负着建立和巩固合作关系的任务。在全球化背景下，跨国企业之间的合作越来越频繁，通过谈判建立的合作关系有助于企业在国际市场上获得竞争优势。解决争端是国际商务谈判的另一项重要功能，通过谈判，各方可以在不诉诸法律手段的情况下，和平解决分歧，降低冲突成本。

国际商务谈判的过程与阶段，涵盖准备、讨论、让步和达成共识等关键环节。谈判的准备阶段至关重要，涉及信息收集、目标设定和策略制定。讨论阶段是谈判的核心，谈判者需在此阶段清晰表达自身立场，并通过有效沟通与对方交换意见。让步是谈判中的艺术，谈判者需在坚持自身利益和适当让步之间找到平衡，以推动谈判进程。最终达成共识是谈判的目标，双方需在此阶段确认协议条款，并为协议的执行奠定基础。

二、国际商务谈判的核心要素

（一）谈判主体

谈判主体的定义与分类是理解谈判过程的基础。通常，谈判主体可以分为个人、团队和组织等不同层次的参与者。个人作为谈判主体，通常在小型谈判或初步接触中发挥作用，而团队则在复杂的谈判中提供多样化的专业知识和支持。组织作为一个整体，代表其集体利益和战略目标，在更高层次的谈判中具有显著的影响力。了解这些不同层次的主体有助于我们更好地设计谈判策略，以应对不同的谈判情境。

谈判主体的权力与影响力在谈判中不可忽视。不同主体在谈判中的地位直接影响谈判的进程和结果。权力可以来自多种因素，包括信息的掌握、资源的控制、市场地位以及谈判技能的高低。一个主体在谈判中的影响力不仅取决于其自身的权力，还与其在谈判网络中的位置有关。拥有较高影响力的主体往往能够在谈判中引导议程，甚至重塑谈判的框架，从而达到其预期的结果。因此，识别和理解谈判主体的权力结构是制定有效谈判策略的关键。

谈判主体的动机与利益是国际商务谈判的核心驱动力。各参与者在谈判中追求的目标和期望往往是多样而复杂的。动机可能包括获取更好的交易条件、建立长期合作关系、提升市场竞争力等，而利益则可能涉及价格、质量、交货时间等具体条款。深入分析谈判主体的动机与利益，有助于预测其谈判行为，并在谈判中找到双方都能接受的解决方案。通过精确识别各方的核心利益，可以在谈判中找到共赢的机会，进而促进双方的合作。

谈判主体的角色分配与职责在谈判过程中需要明确。每个参与者在谈判中都有其特定的任务和责任，这不仅影响其在谈判中的表现，也影响整个谈判团队的协作效率。角色分配通常基于参与者的专业背景、经验和谈判目标。明确的角色分配有助于避免职责重叠和信息不对称，从而提高谈判的整体效率。在国际商务谈判中，合理的角色分配和职责界定是确保谈判顺利进行的重要保障。通过有效的角色管理，谈判团队可以更好地应对谈判中的各种挑战，实现预期的谈判目标。

（二）谈判目标

目标的设定直接影响谈判策略的选择及其最终结果。谈判目标不是一个简单的结果导向，而是一个系统的过程，需要考虑多方面的因素。明确且可衡量的谈判目标能够为谈判提供清晰的方向和标准。通过设定具体、可实现的目标，谈判者可以更有效地指导谈判进程，确保谈判的每一步都朝着预期的方向发展。这种明确性有助于在谈判中保持焦点，避免因目标模糊而导致的资源浪费和策略失误。

在谈判过程中，目标的灵活性与适应性同样不可忽视。谈判是一种动态的互动过程，各方的立场和策略可能会随着谈判的进展而发生变化。因此，谈判者需要具备根据对方反应及时调整目标的能力。这种灵活性不仅有助于在谈判中保持主动权，还能在对方提出合理要求或出现意外情况时，迅速作出反应，调整谈判策略以保持谈判的有效性和连贯性。灵活的目标设定能够使谈判者在复杂多变的谈判环境中游刃有余。

谈判目标的多样性是国际商务谈判的一个显著特征。不同的参与者可能在谈判中追求不同的目标，这些目标可能包括经济利益、关系建立、信息获取等。经济利益通常是国际商务谈判的核心目标之一，但在许多情况下，关系的建立和信息的获取同样重要。通过理解并识别不同参与者的多重目标，谈判者可以更好地制定策略，以满足自身及对方的需求，从而达成互利共赢的结果。这种多样性要求谈判者具备广泛的视野和灵活的思维。

在谈判目标的设定中，优先级排序至关重要。不同的目标对各参与者的意义和价值不同，因此需要根据各自的需求和利益对目标进行排序。优先级的合理排序可以帮助谈判者在资源有限的情况下集中力量，实现最重要的目标。同时，它也有助于谈判者在谈判中作出明智的取舍，确保在关键时刻能够迅速决策，以实现最佳的谈判结果。通过对目标优先级的分析，谈判者可以更有效地管理谈判进程，提高谈判的成功率。

（三）谈判策略

谈判策略不仅是简单的议价技巧，更涉及对谈判整体过程的深刻理解和掌控。制定有效的谈判策略需要综合考虑多种因素，如谈判目标、对手背景、文化差异等。通过制定合适的策略，谈判者可以在复杂多变的国际环境中游刃有余，从而实现预期的商务目标。在全球化背景下，谈判策略的选择和应用已成为企业竞争力的重要组成部分。

在制定谈判策略时，首先要对谈判的具体情境进行全面分析，包括谈判的背景、目标、对手的特点及其可能的策略等。此外，还需考虑参与者的特征，如其文化背景、谈判风格和个人偏好等。基于这些因素，谈判者可以制定出最适合当前情境的策略，以提高谈判的成功率。有效的策略制定不仅有助于实现谈判目标，还能在谈判过程中建立良好的合作关系，为未来的商务合作奠定基础。

让步策略是谈判过程中不可或缺的一部分，其核心是在不损害自身根本利益的前提下，灵活调整谈判立场，以达成双方的共识。有效的让步策略要求谈判者具备灵活的思维和良好的判断力，能够识别出哪些让步是可以接受的，哪些则会影响自身的核心利益。通过合理的让步，谈判者不仅能促进谈判的进展，还能在对方心中树立良好的合作形象，为未来的合作创造更多机会。

（四）谈判环境

谈判环境不仅是指物理空间，还包括文化、心理以及法律与伦理等多重维度。物理因素在谈判环境中起着基础性的作用。会议室的布局、设备设施的完备程度以及外部噪声的控制，都可能直接影响谈判的氛围和效率。例如，会议室的座位安排可能影响谈判者之间的互动方式，设备的先进程度则可能影响信息的展示和沟通的流畅性。此外，外部噪声的干扰可能导致注意力分散，进而影响谈判的专注度和效果。因此，合理的物理环境布置是确保谈判顺利进行的前提条件。

谈判环境的文化因素同样不可忽视。在国际商务谈判中，不同文化背景的参与者可能拥有不同的谈判风格、礼仪和沟通方式。文化差异可能导致对谈判内容和对方意图的误解，因此，了解和尊重对方的文化背景是成功谈判的重要前提。文化因素不仅影响谈判的表面行为，还深刻影响着谈判者的思维模式和价值观。例如，在某些文化中，直接表达观点被视为坦率，而在另一些文化中则可能被视为不礼貌。因此，跨文化沟通能力和文化敏感性在国际商务谈判中显得尤为重要。

心理因素在谈判过程中起着潜在但至关重要的作用。谈判者的心理状态和情绪管理能力直接影响着谈判的进程和结果。良好的心理状态可以提高谈判者的自信心和决策能力，而不良的情绪管理则可能导致谈判失控或过度让步。情绪在谈判中是一把“双刃剑”，既可以激励谈判者，也可能导致冲动决策。因此，谈判者需要具备良好的情绪调节能力，以保持理性和冷静，从而在谈判中占据有利地位。

三、国际商务谈判的主要特点

（一）复杂性

国际商务谈判中涉及的利益相关者的多样性，导致各方需求和期望的复杂交织。在一个全球化的商业环境中，谈判参与者来自不同的国家和地区，他们代表着各自的组织利益。这种多样性不仅增加了谈判的难度，也要求各方在谈判中展现出更大的灵活性和包容性，以便找到共同的利益基础。

信息不对称是国际商务谈判中另一个复杂因素。各方在谈判过程中可能掌握不同的信息，这种信息的不对称性使得决策和策略制定面临更多变数。谈判者需要具备敏锐的洞察力和判断力，以识别和评估对方的信息和意图，从而制定有效的谈判策略。同时，信息不对称也可能导致信任缺失，这就需要通过建立良好的沟通渠道和透明的交流机制来缓解。

文化背景的差异是国际商务谈判中不可忽视的复杂性来源。不同文化背景下的谈判风格差异，增加了沟通和理解的难度。文化因素不仅影响谈判者的沟通方式，还影响他们的价值观和决策模式。因此，成功的国际商务谈判要求参与者具备跨文化沟通能力，能够理解和尊重对方的文化习惯，以避免因文化误解而导致的谈判失败。

谈判环境的变化也是国际商务谈判复杂性的一个重要方面。时间压力和外部因素的干扰，如政治局势变化、经济波动等，可能影响谈判的进程和结果。在这种动态环境中，谈判者必须具备灵活应变的能力，能够根据外部环境的变化及时调整谈判策略，以确保谈判目标的实现。

（二）动态性

谈判的动态性主要体现在参与者的立场和利益可能随着谈判进程的推进而变化。这种变化可能是由于新信息的出现、外部条件的改变或内部决策的调整所导致的。因此，谈判者需要在谈判过程中实时调整其策略，以便在不断变化的环境中保持竞争优势。动态性要求谈判者具备敏锐的洞察力和灵活的策略调整能力，以应对谈判过程中可能出现的各种变化。

此外，在谈判过程中，外部环境和市场条件的变化也可能对谈判的优先级和焦点产生重要影响。市场需求的波动、政策法规的调整以及经济环境的变化都可能使谈判的方向和目标发生转变。因此，谈判者不仅需要对当前的市场环境有深刻的理解，还需要具备快速适应变化的能力，以便在谈判中作出及时而有效的决策。灵活应对外部变化是谈判成功的关键因素之一。

谈判双方的情绪和心理状态在谈判中也具有动态性，这对决策和沟通方式有着直接影响。情绪的波动可能导致谈判者在沟通中的表达方式和态度发生变化，从而影响谈判的进程和结果。为此，谈判者需要具备较高的情感智商，能够识别和管理自身及对方的情绪，以在复杂的谈判局面中保持冷静和理智。情感智商的应用可以帮助谈判者在情绪变化中找到沟通的最佳方式。

信息的流动性和透明度在谈判中也是一个动态因素。随着谈判的进行，信息可能会不断更新和变化，这要求谈判者具备持续评估和调整信息策略的能力。保持信息优势是谈判成功的关键，因此，谈判者需要时刻关注信息的变化，并据此调整自己的谈判策略，以确保在信息不对称的情况下仍能保持谈判的主动权。

在谈判进程中，突发事件或新信息的出现可能导致原有协议的重审。面对这种情况，谈判者需具备快速反应能力，以适应新的谈判现实。这种能力不仅体现在突发事件的应对上，还包括对新信息的快速分析和对谈判策略的迅速调整。只有具备这种快速反应能力，谈判者才能在充满变数的谈判中保持竞争力，并最终达成对己方最有利的协议。

（三）互动性

互动性主要体现在谈判双方的实时反馈机制中，这种机制使得参与者能够通过语言和非语言信号来不断调整自己的表达与策略，以适应对方的反应。这种实时的交流方式使得谈判成为一个流动的过程，参与者可以根据对方的反馈及时调整策略，从而提高谈判的有效性和效率。互动性不仅是信息的传递，也是双方在谈判中相互影响、相互作用的过程。

在谈判过程中，互动性不仅增强了参与者之间的信任感，还能通过良好的互动促进信息共享和理解，从而推动谈判进程。信任感的建立往往是通过频繁的互动得以实现的，双方在互动中逐渐了解彼此的需求和期望，从而在谈判中找到共同利益和解决方案。互动性为谈判创造了一个开放和包容的环境，使得参与者更愿意分享信息并进行深度交流，这对于复杂的国际商务谈判尤为重要。

互动性要求参与者具备良好的倾听能力。通过积极倾听对方的观点和需求，参与者能够更好地理解对方的立场和意图，形成更具建设性的讨论氛围。倾听不仅是获取信息的手段，也是对对方表达的尊重和认可。在倾听的过程中，参与者可以通过反馈和提问来澄清不明确的地方，确保双方在同一基础上进行讨论。良好的倾听能力可以帮助谈判者更准确地把握谈判的方向和节奏。

在谈判中，互动性还体现在对话的双向性。双方不仅传递信息，还能通过提问和澄清推进对话，深化理解。这种双向的对话模式使得谈判不仅是信息的交换，也是思想的碰撞和融合。通过不断的提问和澄清，谈判者可以更深入地探讨问题的本质，从而找到更具创造性的解决方案。双向对话强调的是双方的平等和互惠，是谈判成功的基础。

四、国际商务谈判在商业活动中的作用

（一）促进商业合作

国际商务谈判能够为不同企业之间建立信任关系，进而促进长期合作的可能性。在全球化的商业环境中，信任是合作的基石，通过谈判，企业能够在相互理解和尊重的基础上建立稳固的合作关系。这种信任关系不仅局限于合同条款的约定，更体现在合作伙伴之间的默契与支持。

通过有效的谈判，企业能够明确各自的需求与利益，从而达成互惠互利的协议。谈判的过程实际上是一个信息交换和利益匹配的过程，各方通过深入沟通，厘清彼此的期望和目标，进而寻找最佳的合作方案。这样的协议不仅能够满足各方的核心需求，还能为未来的合作奠定坚实的基础，避免因误解或利益冲突导致合作失败。

国际商务谈判为企业提供了一个展示自身价值与优势的平台，有助于提升品牌形象。在谈判中，企业有机会通过专业的沟通技巧和策略，向合作伙伴展示其独特的竞争优势和市场定位。这不仅有助于在谈判中占据主动地位，还能在合作伙伴中树立良好的企业形象，进一步扩大市场影响力和品牌认知度。

（二）解决商业纠纷

国际商务谈判为各方提供了一个直接沟通的平台，使得各方能够清晰地表达各自的立场。通过这种直接交流，减少了产生误解和矛盾的可能性，从而为解决争议奠定了基础。谈判不仅是一个信息交换的过程，也是一个各方在不同利益之间寻求平衡的过程。通过谈判，各方能够在争议中找到共同点，达成妥协，避免诉讼或其他对抗性解决方案带来的高昂成本和时间消耗。

国际商务谈判的另一个重要作用在于其有助于建立和维护商业关系。即使在发生争议时，通过谈判达成的解决方案，往往比法律手段更有利于双方的未来合作。谈判强调的是协商和妥协，这不仅能够解决当前的争议，还能为未来的合作创造一个良好的基础。通过这种方式，各方可以在解决问题的同时，保持甚至增强彼此之间的信任和合作意愿，为未来的商业活动奠定坚实的基础。

在谈判过程中，各方还能够利用专业的调解技巧，帮助识别问题的根源。这种深入的分析和讨论有助于制定出更具针对性的解决方案，确保所达成的协议能够有效解决争议的核心问题。通过这种方式，谈判不仅解决了当前的纠纷，还为未来类似问题的预防提供了有价值的经验和策略。因此，国际商务谈判不仅是一个解决问题的工具，也是一种促进商业关系长期健康发展的手段。

（三）优化资源配置

国际商务谈判通过协商的方式，明确各方对于资源的需求与供应，从而实现资源的有效配置与利用。这一过程不仅涉及物质资源的合理分配，还涵盖了人力、技术和信息等无形资源的优化。通过谈判，企业能够更好地识别和整合各方优势资源，形成协同效应。这种协同效应不仅能够提升企业的整体竞争力，还能为企业在激烈的市场竞争中赢得先机。与此同时，国际商务谈判为不同企业之间提供了共享资源的机会，促进了技术、信息和人才的流动与合作。这种资源的流动与共享，不仅限于企业内部，还扩展到跨国界的合作，为全球经济的繁荣发展提供了助力。

通过优化资源配置，国际商务谈判能够显著降低交易成本。在传统的商业活动中，资源的浪费和重复利用往往导致成本的增加，而国际商务谈判则通过明确的协议和协作机制，有效减少了这种浪费。通过谈判，企业可以制订出更为合理的资源配置方案，减少不必要的开支，提高资源利用的效率。此外，谈判过程中的信息交流也有助于企业更快地响应市场变化，提高运营效率。企业能够通过谈判获得市场的最新信息，调整自己的战略，以更好地适应市场需求的变化，从而提高市场响应速度。

通过有效的谈判，企业能够在资源配置上实现最优方案，这不仅提高了企业的运营效率，还为企业的长远发展奠定了坚实的基础。优化资源配置的国际商务谈判，不仅是企业内部资源管理的体现，也是企业在全球化背景下，提升竞争力和实现可持续发展的重要途径。企业通过不断优化资源配置，可以在激烈的市场竞争中保持优势，确保在国际市场上的稳步发展。

（四）提升企业竞争力

国际商务谈判通过明确各方的利益与需求，促进资源的优化配置，从而提升企业在市场中的竞争优势。通过有效的沟通和谈判，各方能够更好地理解彼此的期望，达成共识，进而实现资源的最佳配置，这不仅有助于提升企业的运营效率，还能在市场竞争中占据更有利的地位。

有效的谈判策略是增强企业谈判能力的核心。通过精心设计的谈判策略，企业能够在竞争激烈的市场环境中获得更有利的合作协议，提升其市场地位。谈判策略的制定需要考虑市场动态、竞争对手的情况以及自身的优势和劣势。这种全面的分析和策略的制定，使企业能够在谈判桌上占据主动地位，获得更大的谈判筹码，从而达成对企业发展有利的协议。

此外，国际商务谈判还通过建立良好的商业关系与信任，为企业创造更多的合作机会，进而增强其市场竞争力。在谈判过程中，企业不仅是为了达成当前的交易，也是为了建立长期的合作关系。这种关系的建立需要信任和互惠，而国际商务谈判正是实现这一目标的重要手段。通过信任的建立，企业能够在未来的商业活动中获得更多的机会和支持，进而在市场中保持竞争优势。

第二节　国际商务谈判的基本原则

一、互惠互利原则

（一）双赢策略

在国际商务谈判中，双赢策略是一种强调合作与共同利益的谈判方式。它的核心在于通过深入理解对方的需求和期望，找到能够同时满足双方利益的解决方案。这种策略要求谈判者不仅关注自身的利益诉求，还要积极探索对方的利益点，以此作为谈判的基础。通过这种方式，谈判者能够创造一个合作的环境，使双方在谈判中都能获得满意的结果。

双赢策略的实施需要谈判者具备积极倾听的技巧。积极倾听不仅仅是听取对方的话语，更是要理解其背后的意图和立场。通过积极倾听，谈判者能够更好地理解对方的真实需求，从而在谈判中找到双方的共同利益点。这种理解不仅能增强双方的信任，还能为进一步的合作奠定坚实的基础。信任的建立是双赢策略成功的关键因素之一。

在实践中，成功实施双赢策略还需要谈判者具备灵活的思维方式。谈判者应随时准备调整自己的立场和要求，以便在谈判过程中找到更具创造性的解决方案。这种灵活性不仅能帮助谈判者适应不断变化的谈判情境，还能促进双方达成更为满意的协议。灵活的思维方式使谈判者能够在复杂的谈判环境中游刃有余，从而提高谈判的成功率。

（二）利益共享机制

利益共享机制的设计应基于透明的信息交流，确保各方能够充分了解彼此的需求与期望。这种透明度不仅有助于消除误解和不信任，还能为谈判创造一个互相理解的环境，从而更容易达成建设性的共识。在国际商务的背景下，各国企业和组织通常拥有不同的文化和商业惯例，因此，信息透明是跨文化交流成功的基础。通过开放的信息交流，谈判各方能够更准确地评估彼此的立场和利益，从而制定出更为合理和可行的谈判策略。

建立一个有效的利益共享框架是实现资源最优配置与利用的关键。在这种框架下，各方可以共同识别和评估潜在的合作机会。这不仅涉及对现有资源的合理分配，还包括对未来可能合作领域的探索和规划。通过这种合作，各方不仅能够提高资源利用效率，还能在竞争激烈的国际市场中获得战略优势。利益共享框架的构建需要考虑多方面的因素，包括市场需求、技术能力和文化差异等，这样才能确保合作的可持续性和有效性。

利益共享机制的另一个重要作用是鼓励各方在谈判中提出创造性解决方案。这种机制的存在促使谈判各方从合作的角度出发，而不是仅仅关注各自的利益。这种合作导向的谈判策略能够有效减少对抗，提高谈判的成功率和各方的满意度。通过创造性解决方案，谈判各方可以突破传统思维的束缚，找到更具创新性和可持续性的合作模式。这种创新不仅有助于解决当前的谈判问题，还能为未来的合作奠定基础。

二、诚信原则

（一）信任建立

信任建立需要透明的信息交流，确保各方在谈判过程中能够真实地表达自己的需求和期望，从而减少误解和猜疑。透明的信息交流不仅是信息的共享，也是对信息真实性的验证和对信息流动的开放态度。通过这种开放和诚实的交流，谈判各方能够更好地理解彼此的立场和利益，从而在谈判中找到共同点，达成互利的协议。

信任建立还依赖一致性和可靠性。谈判者应遵循承诺和约定，以增强对方的信任感。在谈判过程中，任何承诺的背离或不一致的行为都可能导致信任的丧失。因此，谈判者需要在谈判过程中展示出高度的专业性和责任感，确保其言行一致，并能够在约定的时间内履行承诺。这种一致性和可靠性不仅能增强对方的信任感，还能为未来的合作奠定坚实的基础。

此外，信任建立需要时间的积累。通过持续的互动和合作，双方能够逐步增强彼此的信任。信任不是一蹴而就的，而是需要通过长期的交流与合作逐步建立的。在谈判的初期，可能需要通过一些小的合作项目来测试彼此的信任度，并在此基础上逐步扩大合作范围。随着时间的推移，双方的信任关系会更加稳固，从而为更复杂的谈判创造条件。

（二）承诺履行

承诺履行的重要性不仅在于履行已达成的协议，更在于提高谈判的信任度。信任是国际商务谈判中至关重要的因素，它决定了各方是否愿意在未来继续合作。通过履行承诺，各方能够增强对彼此的信任，从而为长期稳定的合作关系奠定基础。在全球化的商业环境中，信任不仅是合作的基础，也是企业在竞争激烈的市场中脱颖而出的关键。

承诺履行的有效性很大程度上依赖明确的责任分配。在谈判过程中，各方需要清晰地界定各自的责任和义务，以避免在执行阶段出现误解和冲突。责任分配的明确性有助于各参与者了解自己的角色和期望，从而在协议实施过程中保持一致的行动。同时，明确的责任分配也为各方提供了一个评估履行情况的基准，有助于在出现偏差时及时进行纠正。这样的安排不仅能提高执行效率，还能减少因误解而导致的摩擦。

为了确保承诺的有效履行，建立一个有效的监督机制是必不可少的。监督机制的存在可以帮助各方在执行过程中及时反馈进展情况，并在必要时进行适时调整。通过定期的沟通和反馈，各方能够迅速识别并解决潜在问题，从而避免因小问题积累而导致的重大冲突。有效的监督机制还可以为各方提供一个透明的执行环境，进一步增强信任和合作意愿。

三、尊重文化差异原则

（一）理解与包容异国文化的差异

每个国家和地区都有其独特的文化背景，这些文化因素在谈判中起着潜移默化的作用。若要提高谈判的成功率，首先需要对对方文化有深入的理解与包容。国际商务谈判的历史背景显示，忽视文化差异可能导致误解甚至谈判破裂。因此，谈判者应努力学习对方文化的基本知识，展现出开放的心态和包容的态度。

尊重对方文化习俗是成功谈判的关键。了解并遵循谈判中涉及的礼仪和行为规范，可以显著增强交流的有效性。不同文化有不同的礼仪要求，例如在某些文化中，握手的力度和时长可能传达不同的含义。此外，谈判者应注意对方在沟通中的非语言信号，这些信号在某些文化中可能比语言本身更为重要。通过尊重和适应这些习俗，谈判者能够更好地与对方建立联系，减少文化冲突的发生。

学习和理解对方的语言或使用翻译服务是提升沟通准确性和亲和力的重要手段。语言是文化的载体，通过学习对方的语言，谈判者不仅可以更准确地传达信息，还能展现对对方文化的尊重。同时，熟练使用翻译服务也能有效减少误解的可能性。在某些情况下，谈判者甚至可以通过学习对方语言中的简单问候语和礼貌用语，拉近与对方的心理距离，增强谈判的亲和力和信任度。

在谈判中展现对对方文化的兴趣与尊重，能够促进信任关系的建立。信任是国际商务谈判中不可或缺的元素，只有在信任的基础上，双方才能够达成更好的合作协议。谈判者可以通过询问对方文化的细节，表达对其文化的兴趣，从而拉近与对方的关系。这种真诚的态度不仅有助于化解文化差异带来的误解，还能为合作创造一个更为友好的氛围。

（二）重视谈判过程中的跨文化沟通

由于不同国家和地区的文化背景各异，谈判者在沟通中往往会面临语言、习俗、价值观等方面的差异，这些差异可能影响谈判的进程和结果。因此，重视跨文化沟通能够帮助谈判者更好地理解对方的立场和需求，从而在谈判中取得更好的成果。对跨文化沟通的重视不仅仅是表面上的语言沟通，更需要深入了解对方文化的内涵。通过对文化背景的深入研究，谈判者可以避免因误解而导致的谈判障碍，从而在谈判中更有效地传达自己的信息，并理解对方的反应。

在跨文化沟通中，谈判者需要具备高度的文化敏感性和适应能力。这意味着谈判者不仅要了解对方国家的文化习俗，还需要在谈判过程中灵活调整自己的沟通方式，以适应对方的文化背景。例如，在一些文化中，直接表达意见可能被视为不礼貌，而在另一些文化中，直接沟通则被视为坦诚。因此，谈判者需要根据对方的文化背景选择合适的沟通策略，以确保信息传递的准确性和有效性。此外，谈判者还需具备开放的心态，愿意倾听和理解不同文化背景下的观点和意见，以促进谈判的顺利进行。

跨文化沟通不仅涉及语言和文化的差异，还包括对非语言沟通的理解。在国际商务谈判中，非语言沟通如面部表情、手势、身体语言等，同样扮演着重要的角色。不同文化对这些非语言信号的解读可能截然不同，因此，谈判者需要对这些信号保持敏感，并在必要时进行适当的调整。例如，在一些文化中，眼神接触被视为诚实和信任的表现，而在另一些文化中，过多的眼神接触可能被视为不礼貌。因此，谈判者在跨文化沟通中应注意观察对方的非语言信号，以调整自己的沟通方式，从而达到更好的沟通效果。

四、信息透明原则

（一）维护信息的真实性与准确性

在国际商务谈判中，信息的真实性与准确性是建立信任的基石。谈判各方必须确保所共享的信息是真实可信的，以此来建立和维持双方的信任关系。信息的真实性不仅关系到谈判的成败，还影响到企业的声誉和长期合作关系。因此，谈判参与者需要通过多种渠道核实信息来源，确保所提供的数据和事实无误。这种核实过程可以包括与第三方机构的合作、对信息来源的交叉验证，以及对相关文献和资料的仔细查阅。通过这些方法，谈判各方能够有效地保障信息的准确性，减少因信息错误而导致的误解和冲突。

信息的披露时机在谈判中同样至关重要。选择适当的时机和场合分享关键信息，可以显著增强谈判的透明度，进而促进谈判的顺利进行。在谈判初期，适度的信息披露有助于建立初步的信任，而在谈判深入阶段，更多的信息分享则有助于推动谈判进展。信息披露的策略需要根据谈判的具体情境和对方的反应进行灵活调整，以确保信息的分享能够达到预期的效果。

为了有效管理信息，企业需要制定详细的信息管理策略。这包括建立信息处理和传递的标准流程，确保信息在谈判过程中得到妥善管理。信息管理策略的核心是确保信息的完整性和安全性，同时保证信息的及时传递。通过制定和遵循这些策略，企业能够在谈判中保持信息的流畅交流，提高谈判效率，并减少因信息不当处理而引发的风险。

（二）建立有效的信息共享机制

有效的信息共享机制不仅能够提高谈判双方的信任度，还能够减少信息不对称带来的误解和冲突。这一机制的核心在于确保信息的准确性、及时性和可用性，从而使谈判各方能够在充分了解彼此需求和限制的基础上进行决策。通过建立明确的信息共享流程，可以有效地促进信息的流动，减少信息滞后和误传的可能性。

信息共享平台的建立是现代国际商务谈判中不可或缺的一部分。这样的平台不仅提供了一个集中存储和访问信息的渠道，还可以实现信息的实时更新和同步。信息共享平台的功能包括文档管理、版本控制、权限设置等，确保谈判各方能够在一个安全的环境中共享信息。同时，平台的使用简化了信息传递的过程，提高了信息的透明度和可追溯性，进而提高了谈判的效率。

信息共享流程的设计需要考虑到谈判的复杂性和信息的敏感性。一个清晰的流程设计能够确保信息在各方之间的有序传递，避免信息的遗漏和误解。管理规范则是为了维护信息共享的秩序和安全，包括信息的分类、存储、传输和销毁等环节的具体操作细则。通过严格的管理规范，谈判各方可以明确各自的责任和义务，从而保障信息共享的顺利进行。

在信息共享过程中，安全性和隐私保护是不可忽视的重要方面。谈判涉及的许多信息具有高度的商业敏感性，因此需要采取严格的安全措施来防止信息泄露和未经授权的访问。隐私保护措施包括数据加密、访问控制、身份认证等技术手段，确保只有授权人员才能访问相关信息。同时，定期的安全审查和风险评估也是保障信息共享安全性的重要手段。

随着科技的进步，各种技术工具和软件应用在信息共享中扮演着重要角色。这些工具和应用不仅提高了信息共享的效率，还增强了信息的安全性和可靠性。例如，云计算技术的应用可以实现信息的远程存储和访问，而区块链技术则为信息的真实性和不可篡改性提供了保障。通过合理选择和应用这些技术工具，谈判各方可以更好地实现信息的透明和共享。

五、灵活变通原则

（一）快速适应不同的谈判情况

在国际商务谈判中，快速适应不同的谈判情况是实现谈判目标的关键能力。谈判者需要具备敏锐的洞察力和灵活的思维，以便在面对复杂多变的国际环境时，能够迅速作出反应。这种能力不仅要求对谈判对象的文化背景、商业习惯有深刻的理解，还需要在谈判过程中保持开放的心态，随时准备调整策略。通过这种灵活的应对，谈判者可以在不确定的环境中找到最佳的解决方案，从而提高谈判的成功率。

快速评估谈判环境与对手情况是灵活变通原则的核心。谈判者在进入谈判前，应对谈判环境进行全面分析，包括政治、经济、文化等多方面因素。同时，对对手的背景、利益诉求和谈判风格进行深入研究，以便在谈判中作出准确的判断和决策。通过这种评估，谈判者能够在谈判的不同阶段及时调整策略，确保自身处于有利地位。此外，灵活应对对手的变化，能够有效避免谈判陷入僵局。

灵活运用不同的沟通方式，适应对方的交流风格，是实现有效谈判的必备技能。在国际商务谈判中，不同文化背景的谈判者可能采用不同的沟通方式。因此，谈判者需要根据对方的交流风格，选择合适的沟通策略，以增强信息传递的准确性和有效性。例如，在与偏重直接沟通的对手谈判时，可以采用简明扼要的表达方式；而在与重视间接沟通的对手谈判时，则需要更多地关注语境和非语言信号。

根据谈判进程的变化，迅速调整自身的立场和目标，是灵活变通原则的重要体现。在谈判过程中，外部环境和对方立场可能随时发生变化，这要求谈判者具备快速反应能力。通过灵活调整自身的立场和目标，谈判者可以在动态的谈判环境中保持主动，避免因固守原有立场而导致谈判失败。同时，这种灵活性也有助于在谈判中寻找创造性的解决方案，实现双方利益的最大化。

（二）发展多样化的谈判方案

多样化的谈判方案不仅可以为谈判提供更多的选择，还能在复杂多变的国际环境中提高谈判的适应能力。制定多样化的谈判目标要求谈判者充分理解不同利益相关者的需求，并在此基础上设定多个可实现的目标。这种方法不仅有助于满足各方的期望，还能在谈判中创造更多的合作机会，减少冲突和僵局的发生。

设计多种备选方案是确保谈判者能够应对不同结果预期的重要手段。在国际商务谈判中，结果往往难以预测。因此，准备多种备选方案可以帮助谈判者在面对意外情况时保持从容。运用情景模拟技术，可以有效预测不同方案的可能后果，从而为谈判者提供更为全面的决策支持。这种技术通过模拟不同情景下的谈判过程，帮助谈判者提前识别潜在的风险和机遇，从而在实际谈判中作出更为明智的选择。

第三节　国际商务谈判的类型与形式

一、双边谈判与多边谈判

（一）双边谈判的特点与应用

双边谈判是一种涉及两个参与方的谈判形式，其定义与基本特征在于参与方数量有限，决策过程相对简单且具有灵活性。由于只有两个直接参与方，信息的传递和沟通效率较高，决策可以在较短时间内达成。这种谈判形式能够快速响应双方的需求并调整谈判策略，因此常用于贸易协议、合作项目和资源共享等场景。在国际商务活动中，双边谈判的应用广泛而多样，尤其在需要明确双方责任和利益分配的情况下，其重要性尤为突出。

双边谈判的应用场景丰富多样，常见的包括国际贸易协议的签署、跨国合作项目的洽谈以及资源共享协议的达成。在贸易协议中，双边谈判能够有效地解决关税、配额等具体问题，确保双方利益的合理分配。在合作项目中，双方可以通过谈判明确各自的责任和义务，从而提高项目的执行效率。此外，在资源共享协议中，双边谈判有助于明确资源的使用权和管理权，避免因权责不清而引发的争端。这些应用场景充分体现了双边谈判在国际商务活动中的实际价值。

双边谈判的优势在于其沟通效率高、决策迅速以及更容易达成共识。由于参与方数量少，信息的传递更加直接，减少了中间环节可能导致的误解或信息延误。这种直接的沟通方式使得双方能够迅速了解彼此的立场和需求，从而在较短时间内达成一致。此外，双边谈判中双方的利益较为集中，容易找到共同点和妥协方案，因此更容易形成具有约束力的协议。这种优势使得双边谈判在需要快速响应和决策的国际商务场合中尤为有效。

（二）多边谈判的复杂性与挑战

多边谈判的复杂性主要体现在参与方的多样性上。由于各方的利益诉求各异，达成一致的难度显著增加。每个参与方都有其特定的经济目标、政治意图和文化背景，这些因素共同作用，导致谈判过程充满变数。多边谈判不仅需要在宏观层面上协调各方的战略目标，还需在微观层面上处理具体的利益分配问题，这使得谈判的复杂性进一步加剧。

在多边谈判中，信息共享与沟通的效率常常受到制约，可能导致误解与冲突的发生。由于参与方较多，信息在传递过程中容易失真或被误解，导致各方在理解谈判议题时产生分歧。此外，各方在信息处理和表达上的文化差异，也可能造成信息交流的障碍。有效的沟通机制和透明的信息传递渠道是解决这些问题的关键，然而在实际操作中，往往难以达到理想状态。

在多边谈判过程中，决策机制的复杂性可能导致决策效率低下与响应迟缓。由于涉及的国家和组织众多，决策往往需要经过多层级的讨论和审批，这使得决策过程烦琐且耗时。此外，各方在决策时的优先级和考虑因素不同，进一步增加了协调的难度。为了提高决策效率，谈判各方需要建立高效的决策机制，确保在紧急情况下能够迅速达成一致。

二、面对面谈判与远程谈判

（一）面对面谈判的优势

面对面谈判促进即时反馈与沟通，这是其最显著的特点之一。在面对面的情境下，各方可以立即表达意见和回应对方的观点，从而有效地解决疑问和误解。这种即时性不仅提高了沟通效率，还减少了信息传递过程中的噪声与失真，使得谈判更加顺畅。此外，面对面谈判的即时反馈机制能够帮助谈判各方迅速调整策略，以适应谈判的动态变化。

面对面谈判还有助于建立和增强参与者之间的信任与关系。在商务谈判中，信任是促成交易和合作的关键因素之一。通过面对面的直接互动，参与者可以通过眼神接触、语气和姿态等细节，感受到对方的诚意和态度。这种直接的接触能够有效地减少猜疑和不信任感，进而增强合作意愿。尤其是在复杂或高风险的谈判中，信任关系的建立往往成为谈判成功的基石。

此外，面对面谈判能够更好地捕捉非语言信号，如肢体语言和面部表情，增强沟通效果。在商务谈判中，非语言信号往往传递出丰富的潜台词和情感信息，这些信息有助于谈判者更全面地理解对方的立场与需求。通过观察对方的肢体语言和面部表情，谈判者可以推测出对方的真实意图和感受，从而调整自己的谈判策略，以达到最佳的沟通效果。

面对面谈判提供了更高的情感投入，使参与者更容易理解对方的立场与需求。情感因素在谈判中扮演着重要角色，通过面对面的互动，谈判者能够更深刻地感受到对方的情感状态和态度。这种情感上的共鸣有助于减少冲突，增加共识，进而推动谈判的积极进展。面对面互动的情感投入不仅能够增强理解，还能促进谈判者之间的合作意愿。

面对面谈判能够通过现场互动和讨论，激发创意和灵活的解决方案。在面对面的交流中，参与者可以即时分享和交换想法，进行头脑风暴，探索多种可能的解决方案。这种互动性和灵活性为谈判者提供了创造性解决问题的机会，有助于在复杂的商务情境中找到共赢的解决方案。面对面谈判的这种优势在需要快速决策和创新思维的谈判中尤为重要。

（二）远程谈判中的技术支持

随着全球化和信息技术的发展，远程谈判已成为许多企业的常态。这种谈判形式不仅节省时间和成本，还能够跨越地理障碍，实现全球范围内的商务交流。然而，远程谈判的成功实施依赖强大的技术支持，包括稳定的网络连接和先进的通信技术。这些技术支持不仅可以确保信息传递的及时性和准确性，还提高了谈判的效率。在选择技术支持时，企业需要综合考虑成本、易用性和兼容性，以确保远程谈判的顺利进行。

在远程谈判中，选择合适的技术工具和平台是成功的关键。企业可以根据自身的需求和谈判的具体情况，选择适合的技术工具。例如，视频会议软件（如 Zoom、Microsoft Teams 等）能够提供高质量的视频和音频支持，帮助谈判双方实现面对面的交流。此外，协作平台（如 Slack、Trello 等）可以实现文档的实时共享和编辑，提高谈判的协作效率。在选择平台时，企业需考虑平台的稳定性、安全性和功能性，以确保谈判过程的顺利进行和信息的安全传输。

在远程谈判中，网络安全和数据保护是不可忽视的重要环节。由于谈判过程中涉及大量的商业机密和敏感信息，确保信息的安全传输和存储至关重要。企业需采取多种措施来加强网络安全，如使用加密技术、设置访问权限和定期进行安全审计等。此外，选择具备强大安全功能的平台和工具也是保护数据的重要手段。通过这些措施，企业可以有效降低信息泄露的风险，确保谈判的安全性和保密性。

视频会议技术在远程谈判中发挥着重要作用，能够显著提升谈判的互动性和参与感。通过视频会议，谈判双方可以进行实时的视觉和听觉交流，增强了沟通的直观性和情感的传递。同时，视频会议技术还支持屏幕共享、在线演示等功能，帮助谈判双方更清晰地表达观点和展示数据。这种沉浸式的沟通方式不仅提高了谈判的效率，还增强了参与者的积极性和投入感，从而有助于达成更为有效的谈判结果。

即时消息和协作软件在远程谈判中扮演着重要角色，能够实现信息的实时共享与反馈。这些工具允许谈判双方在谈判过程中快速交换信息、分享文件和进行讨论，提高了沟通的效率和灵活性。例如，使用即时通信工具可以在谈判过程中快速传递重要信息，而协作软件则支持多方共同编辑和审阅文件，确保信息的一致性和准确性。通过这些工具，企业能够更好地协调谈判进程，提高谈判的整体效率。

三、正式谈判与非正式谈判

（一）正式谈判流程的规范化

正式谈判流程的规范化不仅体现在谈判的形式和程序上，还体现在各方对谈判目标的明确理解和角色的清晰分配上。在谈判开始之前，各方需要明确谈判的核心目标，这不仅有助于集中各方的注意力，还能有效避免谈判过程中的分歧和误解。角色分配是谈判准备阶段的另一个重要环节，每位参与者都应清楚自己的职责和贡献，以确保谈判的高效进行。此外，议程的制定也是规范化流程的一部分，它为谈判提供了一个清晰的时间框架和结构，确保各个议题得到充分讨论。

在正式谈判中，规则与程序的设定是确保谈判顺利进行的关键。各方需遵循既定的谈判流程和时间限制，这不仅有助于维持谈判的秩序，还能提高谈判的效率。谈判规则通常包括发言顺序、议题优先级以及决策机制等，它们为谈判提供了一个公正、透明的框架。此外，时间限制的设定有助于各方集中精力于关键问题，避免在次要问题上浪费过多时间。这些规则和程序的严格执行，能够有效减少谈判中的争议和冲突。

信息的管理与共享是正式谈判中不可或缺的一部分。各方在谈判中需要获得必要的背景资料和数据支持，以便作出明智的决策。信息的共享不仅有助于建立信任，还能促进各方对议题的深入理解。在谈判过程中，信息的管理需要确保其准确性和及时性，这要求谈判团队具备良好的信息处理能力和沟通技巧。此外，信息的保密性也是一个重要的考量，各方需对敏感信息的使用和传播进行严格控制，以保护各自的利益。

正式谈判中的记录与文档管理是确保谈判过程中的重要信息和决策被准确记录和存档的关键步骤。这些记录不仅是谈判的历史档案，还可以作为未来谈判的参考依据。文档管理需要确保信息的完整性和可追溯性，以便在需要时能够快速检索和查阅。记录的准确性和及时性对于谈判的透明度和问责制至关重要，它们有助于防止争议和误解，并为各方提供一个清晰的谈判轨迹。

（二）非正式谈判中的灵活性优势

非正式谈判提供了更高的灵活性，允许参与者在非正式环境中自由交流，能够更自然地表达观点和需求。这种谈判形式打破了传统正式谈判的僵化结构，使得参与者能够在更加轻松的氛围中进行沟通和互动。非正式谈判的环境通常不拘泥于固定的议程和程序，这使得各方能够更真实地展现自身的立场和期望，减少了因正式性而带来的压力和紧张感。因此，非正式谈判在促进开放式沟通和创新思维方面具有显著的优势。

通过非正式谈判，参与者可以在轻松的氛围中建立信任关系，促进更深入的了解和合作意愿。在非正式场合，诸如午餐会、社交聚会等活动中，参与者更容易放下戒备，展开真诚的对话。这种信任的建立不仅有助于当前谈判的顺利进行，还为未来的合作奠定了良好的基础。信任关系的增强往往能促使各方更愿意分享信息和资源，从而提高谈判的整体质量和效率。

非正式谈判允许参与者在不受正式规则约束的情况下，灵活调整谈判策略和目标，以适应动态变化的环境。这种灵活性使得谈判各方可以根据实时反馈迅速调整策略，避免了因固守原有计划而导致的僵局。这种适应能力在国际商务谈判中尤为重要，因为市场和环境的变化可能会对谈判结果产生直接影响。参与者能够在非正式谈判中迅速响应变化，确保谈判过程的灵活性和有效性。

非正式谈判中的互动方式更为多样，可以通过社交活动、聚会等形式进行，增强了沟通的效果和参与感。多样化的互动方式不仅能活跃谈判气氛，还能通过非正式交流的方式加深各方的理解和认同。社交活动本身就提供了丰富的互动机会，参与者在这些场合中更容易打破沉默，增进彼此间的联系和共识。这种增强的参与感有助于提高谈判的效率和成功率。

非正式谈判有助于捕捉潜在的机会和信息，参与者可以在随意的讨论中发现新的合作可能性和解决方案。在非正式的交流中，各方往往会分享更多的信息和见解，这为识别潜在的合作领域提供了机会。通过这种方式，参与者可以在轻松的对话中探索新的解决方案，识别出正式谈判中可能被忽视的潜在机会。因此，非正式谈判不仅是正式谈判的补充，更是发现新机遇和推动创新的重要途径。

四、竞争型谈判与合作型谈判

（一）识别竞争型谈判中的关键利益

在国际商务谈判中，竞争型谈判的核心在于识别各方的关键利益。关键利益的识别不仅影响谈判的策略制定，还直接关系到谈判的成败。通过对谈判各方的深入分析，可以发现每一方在谈判中所追求的核心目标和利益点。这些利益可能包括市场份额、价格优势、技术获取或战略合作伙伴关系等。识别这些关键利益需要对谈判背景、行业动态以及各方的历史合作记录进行全面分析，以便在谈判桌上占据主动地位。

在识别竞争型谈判中的关键利益时，了解主要利益相关者及其动机是至关重要的。利益相关者通常包括企业的高层管理者、股东、政府监管机构以及其他可能受到谈判结果影响的群体。每个利益相关者都有其独特的动机，这些动机可能源自经济利益、政治压力或市场竞争等多方面。通过对利益相关者动机的分析，可以更好地预测他们在谈判中的行为和反应，从而为谈判策略的制定提供重要依据。

分析利益相关者在谈判中的权力与影响力是制定有效谈判策略的关键环节。

权力和影响力不仅决定了各方在谈判中能施加的压力，还影响着谈判的走向和结果。利益相关者的权力可能来自市场地位、资源控制、技术优势或政治支持等方面。通过对权力结构的分析，谈判者可以更好地理解各方的立场和可能的让步空间，从而制定出更具针对性的谈判策略。

明确各方在竞争型谈判中的优先利益与底线是谈判成功的基础。优先利益是指各方在谈判中最为看重的目标，而底线则是指各方可以接受的最低条件。在谈判中，清晰的优先利益和底线有助于谈判者在复杂的谈判过程中保持方向和目标不变。为了确保谈判的顺利进行，各方需要在谈判前对自身的优先利益和底线进行明确界定，并在谈判中灵活运用。

（二）合作型谈判的共同利益创造

在国际商务谈判中，合作型谈判的核心在于创造共同利益。识别共同利益的基础是确保双方在谈判中能够明确各自的需求与期望，从而找到交集。这种识别过程需要深入了解对方的利益和动机，并通过开放的沟通来确认双方的目标。通过这种方式，谈判双方能够避免误解和冲突，找到可以共同接受的解决方案。这种方法不仅有助于达成协议，还能为未来的合作奠定坚实的基础。

创造互利的解决方案是合作型谈判的关键。通过设计能够满足双方利益的条款与条件，谈判者可以促进合作的达成。这需要谈判者具备灵活性和创造性，能够在不同的方案中找到平衡点。通过这样的方式，双方不仅可以实现各自的目标，还能在合作中获得超出预期的收益。这种互利的解决方案不仅有助于当前问题的解决，还能为未来的合作创造更多的机会。

建立长期的合作关系是合作型谈判的重要目标之一。通过共同利益的创造，双方能够增强彼此的信任感与合作意愿。虽然这种信任感的建立需要时间和持续的努力，但一旦建立，便能为双方带来长期的利益。在这种关系中，双方可以更自由地分享信息和资源，从而在更大范围内实现共同的商业目标。这种长期合作关系的建立，不仅有利于双方企业的发展，也能促进整个行业的进步。

五、直接谈判与间接谈判

（一）直接沟通的效率与迅捷性

直接沟通在国际商务谈判中具有显著的效率与迅捷性。直接沟通能够快速传达信息，减少信息传递中的误解与歧义。在面对面的交流中，信息可以在瞬间传递给对方，避免了因中间环节而可能产生的延误与误解。与间接沟通相比，直接沟通减少了信息在传递过程中可能出现的失真，确保信息的准确性和完整性。直接沟通的这种特性尤其适用于需要快速决策和响应的商务谈判场景。

面对面交流促进即时反馈，使参与者能够及时调整谈判策略。在直接谈判中，参与者可以立即获得对方的反应，这种即时反馈机制使得谈判各方能够根据对方的反应迅速调整自己的策略和立场。即时反馈不仅提高了谈判的灵活性和适应性，还能有效避免因信息滞后而导致的决策失误。这种动态的互动过程使得谈判各方能够更好地把握谈判的进程和方向。

直接沟通增强了参与者之间的情感连接，有助于建立信任关系。信任是国际商务谈判成功的基石，直接沟通通过面对面的互动和交流，能够更好地传达诚意和合作意愿。参与者在直接交流中可以通过语气、表情和肢体语言等非语言信号，表达出更为真实和直接的情感。这种情感连接不仅有助于缓和谈判中的紧张气氛，还能为后续的合作奠定坚实的基础。

直接谈判环境允许参与者灵活调整议程，快速应对突发问题。在直接沟通的情境下，参与者可以根据谈判的实际进展随时调整议程，灵活应对谈判过程中可能出现的各种突发问题。这种灵活性使得谈判各方能够更好地应对不确定性，提高谈判的成功率。此外，直接沟通的灵活性还体现在可以随时召集相关人员进行磋商和决策，确保谈判的顺利进行。

（二）间接谈判中的中间方作用

间接谈判中的中间方不仅是信息传递的桥梁，也是确保信息在各方之间准确传递的关键角色。信息在传递过程中容易出现误解与失真，而中间方通过其专业的沟通技巧和对各方需求的深刻理解，能够有效减少这些问题的发生。通过精确的信息传递，中间方为谈判的顺利进行奠定了基础，避免了因信息不对称而导致的误解和冲突。

中间方在间接谈判中还扮演着调解矛盾与分歧的角色。由于谈判各方往往存在利益冲突与立场差异，中间方通过提供中立的视角，能够帮助各方更好地理解对方的立场和需求。在这种情况下，中间方的中立性和客观性显得尤为重要，因为它能够在谈判过程中促进各方达成共识。通过有效的调解，中间方帮助谈判各方找到共同利益点，从而提高谈判的成功率。

管理谈判节奏是中间方在间接谈判中另一项重要职责。在谈判过程中，讨论的方向与进程容易偏离预定轨道，甚至陷入僵局。中间方凭借其丰富的经验和对谈判流程的深刻理解，能够有效控制谈判节奏，确保讨论围绕核心议题展开。通过合理安排谈判进程，中间方帮助各方在有限的时间内取得最大成果，避免不必要的拖延和分散。

中间方还可以利用其专业知识与经验，为参与方提供战略建议。这些建议不仅帮助谈判各方制定更有效的策略，还能在关键时刻提供新的视角和解决方案。中间方的专业能力使其能够识别谈判中的潜在问题，并提出切实可行的解决方案，从而提高谈判效率和成功率。

中间方在间接谈判中发挥着情感调节的作用。谈判过程中，紧张的氛围和对立的情绪可能影响各方的决策和合作意愿。中间方通过适时的情感调节，能够缓解谈判中的紧张局势，增强各方的信任感与合作意愿。这种情感上的支持有助于建立更为和谐的谈判环境，使得各方更愿意进行开放和建设性的对话，从而推动谈判的成功。

第二章　国际商务谈判开局策略与技巧

第一节　开局气氛的营造

一、开局气氛的重要性

(一) 营造积极友好的交流环境

一个积极友好的交流环境能够为谈判的顺利进行奠定基础。通过营造这样的氛围，各方可以更容易地建立信任关系，这通常是通过轻松的开场白来实现的。开场白不但可以打破僵局，还能为接下来的谈判创造一个开放的对话空间。肢体语言在此过程中扮演着重要角色，使用积极的肢体语言，如微笑、点头和适度的目光接触，可以传达开放和友好的态度，进而增强对方的信任感。

同时，关注对方的文化习惯也是营造良好交流环境的重要一环。在国际商务谈判中，文化差异可能导致误解，因此尊重和理解对方的文化习惯显得尤为重要。这不仅可以避免不必要的摩擦，还能表现出一种对对方文化的尊重，进而提升谈判的和谐度。适当的幽默也可以在紧张的谈判气氛中起到缓解作用。幽默感不仅能拉近双方的心理距离，还能在一定程度上促进交流，使谈判在轻松的环境中进行。

通过共同的兴趣或话题引入谈判，可以增强双方的亲切感和共鸣。这种策略不仅有助于建立个人之间的联系，还能为谈判的进一步深入打下良好的基础。在找寻共同兴趣时，可以从双方的业务背景、行业趋势或其他非正式话题入手。这种方法不仅可以让谈判双方在轻松的气氛中开始交流，还能为后续的谈判创造一个良好的开端。通过这些策略的运用，谈判者可以更有效地营造一个积极友好的交流环境，从而为谈判的成功奠定坚实的基础。

(二) 建立信任与合作的基础

信任不仅是谈判双方建立长期合作关系的基石，也是确保谈判过程顺利进行的重要因素。通过倾听对方的观点，谈判者可以展示出对其意见的重视和理解，这种态度有助于缓解对方的防御心理，促进开放和诚实的交流。在此过程中，透明的信息交流尤为重要，因为它能够有效减少误解和猜疑，增强双方的合作信任。透明度不仅体现在信息的共享上，还包括对谈判意图和目标的明确表达，使对方感受到诚意。

及时兑现承诺是建立信任的另一个重要方面。谈判者需要以实际行动证明自己的诚意和可靠性，确保每一个承诺都能够得到切实履行。这种行为不仅有助于提高双方的信任度，还能为后续的谈判奠定良好的基础。建立共同的目标和利益同样重要，它能够促进双方在合作中的积极互动。通过明确双方的共同利益，谈判者可以引导谈判朝着双方都能接受的方向发展，从而提高谈判的效率。

尊重对方的决策过程也是建立信任与合作的基础之一。国际商务谈判往往涉及不同的文化和商业习惯，谈判者需要体现出对对方文化和习惯的理解与包容。这种尊重不仅可以增强对方的好感，还能避免因文化差异而导致的误解和冲突。在谈判中，尊重对方的决策过程意味着给予对方足够的时间和空间来进行内部讨论和决策，而不是施加不必要的压力或试图强行改变对方的立场。通过这些策略，谈判者可以为谈判创造一个良好的开局氛围，进而为整个谈判过程的成功奠定坚实的基础。

二、营造积极气氛的方法

（一）创造轻松的交流氛围

在国际商务谈判中，创造轻松的交流氛围对于建立良好的合作基础至关重要。使用开放式问题引导对话是一种有效的策略，通过这些问题，谈判双方可以更自由地表达各自的观点和需求，从而增加互动性。这种方法不仅可以帮助双方更好地理解彼此的立场，还能在谈判初期避免因误解而产生的紧张气氛。此外，开放式问题的使用可以激发创造性思维，促进双方在问题解决上的合作，为谈判的顺利进行奠定坚实的基础。

通过轻松的非正式交流，如分享趣闻或个人经历，谈判双方可以在正式谈判开始前拉近彼此的距离。这种交流方式能够打破正式谈判的僵局，使双方在轻松的环境中更自然地相互了解。这种方法不仅有助于缓解谈判中的紧张情绪，还能在人际层面上建立更深的联系，从而增强彼此之间的信任感。分享个人故事或幽默事件，能够在人性化的层面上展示对方的个性和价值观，为后续的谈判创造一个更为融洽的氛围。

运用适当的肢体语言和面部表情也是营造轻松氛围的重要手段。友好的微笑、适度的目光接触以及开放的身体姿势，都能够传达出积极的态度和欢迎的信号。这些非语言交流方式在谈判中起到了润滑剂的作用，能够有效缓解紧张情绪，促进双方的沟通。通过肢体语言的巧妙运用，谈判者可以在无声中传递友好的信息，使对方感受到尊重和理解，从而增强谈判的和谐性和互动性。

选择合适的环境和场地也是创造轻松交流氛围的关键因素之一。谈判场地的舒适度直接影响到参与者的心情和交流体验。确保舒适的座位安排和良好的视听设备，不仅可以提高交流的效率，还能让谈判者感受到被重视和尊重。一个良好的谈判环境能够减少外界干扰，增强谈判的专注度，从而为创造一个积极的交流氛围提供有力支持。合适的环境选择是谈判成功的隐形助力，为谈判的顺利进行保驾护航。

（二）巧妙运用幽默与亲和力

幽默是一种强大的工具，适时的幽默能够缓解谈判中的紧张情绪，促进双方的亲近感和合作意愿。在谈判初期，双方往往处于试探和防御的状态，此时幽默的介入可以打破这种僵局，让谈判者更容易进入开放和友好的交流状态。通过运用幽默，谈判者不仅可以展现个人魅力，还能在不失礼貌的前提下，暗示对方放松警惕，从而为接下来的谈判奠定良好的基础。

幽默与亲和力不仅能够缓解紧张局势，还能在谈判中建立情感连接。展示个人魅力和亲和力有助于增强与对方的情感连接，提高谈判的愉悦度。谈判不仅是利益的交换，也是关系的建立。通过亲和的态度和幽默的交流，谈判者可以让对方感受到尊重和理解，这种情感连接往往能够促使对方在谈判中更加开放和合作。幽默的运用不仅是语言的艺术，也是一种情感的交流方式，能够在不知不觉中拉近双方的心理距离。

在谈判过程中，运用幽默的方式引入轻松的话题，可以帮助打破僵局，激发更开放的交流氛围。当谈判陷入僵持或对峙时，一个恰当的幽默话题可能成为打破沉默的钥匙。幽默不仅能够缓解紧张，还能为谈判注入活力，使谈判者更容易找到共同的兴趣点和话题。通过这种方式，谈判者能够引导谈判方向，促使对方在轻松的氛围中重新审视谈判议题，进而达成更为理想的谈判结果。

在适当的时机运用幽默可以展现出谈判者的智慧和灵活性，提升其在谈判中的影响力。幽默是一种智慧的表现，它不仅需要对语言的掌控，更需要对时机的把握。通过运用幽默，谈判者可以在不直接对抗的情况下，巧妙地表达立场和观点，从而在谈判中占据主动地位。幽默的灵活运用不仅能够提升谈判者的个人魅力，还能为谈判增添智慧和创新的色彩，使谈判过程更加富有成效和意义。

（三）利用共同话题拉近距离

在国际商务谈判中，利用共同话题拉近距离是营造积极谈判气氛的有效策略。选择双方感兴趣的话题可以迅速缩短彼此间的心理距离，营造出一种开放和友好的交流环境。这不仅有助于打破初次见面的尴尬，还能为后续的谈判奠定良好的基础。通过这种方式，谈判双方能够更自然地进入正式的议题中，减少由于文化差异或语言障碍带来的不适感。

识别和利用双方共同的兴趣爱好是增强谈判亲和力和互动性的关键。在谈判前，了解对方的兴趣爱好可以为谈判开局提供有价值的信息。例如，如果双方对某一体育运动或艺术形式有共同的兴趣，可以在谈判初期通过此类话题进行交流，从而建立一种轻松的氛围。这种策略不仅能够增强双方的互动性，还能在无形中提升谈判的亲和力，使双方更愿意在随后的谈判中进行深入的沟通和合作。

引入双方熟悉的文化元素或传统是拉近心理距离的有效手段。在国际商务谈判中，文化差异常常是导致沟通障碍的因素之一。通过引入双方熟悉的文化元素或传统，可以有效地拉近彼此间的心理距离，营造出一种友好的交流氛围。这种方式不仅能够缓解因文化差异带来的紧张感，还能使双方在谈判中更加开放和包容，为达成共识创造良好的条件。通过这种文化桥梁，谈判双方可以更轻松地进行信息交流和观点交换。

三、利用环境营造气氛

（一）选择合适的谈判地点与环境

选择安静且私密的环境，可以减少外部干扰，确保谈判双方能够集中注意力，进行深入的交流。这种环境能有效避免不必要的中断，使谈判者能够专注于讨论的议题，从而提高谈判的效率。同时，安静的环境还能减少紧张情绪的产生，有助于营造一种轻松而开放的交流氛围，使双方更容易达成共识。

在选择谈判场所时，考虑到双方的文化背景是至关重要的。一个能够体现尊重和包容的场所，能够避免可能引发误解的环境，从而促进双方的相互理解和信任。这种文化敏感性不仅体现在装饰风格和布置上，还包括对待不同文化习俗的态度和细节处理。通过选择一个中立且被双方认可的地点，可以有效降低文化冲突的风险，促进谈判的顺利进行。

谈判场地的舒适性也是需要重视的因素。合适的温度、座椅安排和照明能够提高双方的舒适感和参与度。一个舒适的环境可以使谈判者保持良好的状态，避免因身体不适而分散注意力。合理的座椅安排可以促进平等对话，避免权力不对称感的产生。良好的照明有助于保持清醒和专注，使谈判者能够更好地分析和判断谈判内容。

现代化视听设备的配备同样是谈判场所选择中的重要考量。拥有这些设备的场所便于展示相关资料和信息，提高谈判的专业性和效率。通过使用投影仪、视频会议设备等现代化工具，谈判者可以更直观地呈现数据和观点，从而增强说服力和沟通效果。此外，这些设备还能支持远程参与，提高谈判的灵活性、扩大谈判的参与范围。

根据谈判的性质和目标，选择一个能够激发创造力和开放思维的环境，对于促进创新的解决方案和合作意愿至关重要。一个充满创意氛围的场所能够激发谈判者的灵感，鼓励他们提出新颖的解决方案和合作模式。这种环境不仅有助于解决复杂问题，还能增强双方的合作意愿，为未来的长期合作奠定基础。通过精心选择谈判地点与环境，谈判双方可以更好地实现各自的目标，达成互利共赢的结果。

（二）布置与装饰对气氛的影响

谈判空间的色彩搭配能够显著影响参与者的情绪反应。温暖的色调（如橙色和黄色）常常被用来营造友好和开放的氛围。这些色调不仅可以缓解谈判中的紧张情绪，还能促进一种积极的心理状态，使各方更容易达成共识。此外，色彩的选择应与文化背景相协调，以避免误解和不必要的冲突。例如，在某些文化中，特定颜色可能具有特殊的象征意义，因此在国际谈判中，色彩的使用需要特别谨慎。

适当的桌椅布局同样是营造良好谈判氛围的关键因素。圆桌布局被广泛认为有助于打破等级感，增强平等与合作的感觉。在这种布局下，所有参与者都能平等地面对面交流，降低了权威感和距离感。此外，桌椅的摆放应便于所有参与者的视线接触和信息共享，这样的安排有助于促进开放式的讨论和互动，提高谈判的效率。通过精心设计的空间布局，可以有效地激发创造性思维和协作精神。

光线的使用在谈判环境中也扮演着重要角色。使用自然光源或柔和的照明可以提高参与者的舒适度，避免刺眼的光线造成的紧张情绪。自然光不仅能提升空间的明亮度，还能带来心理上的舒适感，使参与者更加放松和专注。柔和的照明则有助于营造温馨的氛围，减少因光线过强而引起的压力。在光线的设计中，需要考虑到不同文化对光线的偏好，以确保光线的使用能够满足所有参与者的需求。

在谈判场所中加入植物或艺术装饰，可以提升环境的美感，带来放松感，从而促进积极的交流氛围。植物不仅能够提高空气质量，还能在视觉上带来舒缓的效果，减少谈判中的紧张感。艺术装饰则可以通过展示文化的多样性和丰富性，激发参与者的灵感和创造力。此外，艺术品还可以成为谈判中的话题，帮助打破僵局，促进更深入的交流和理解。因此，在谈判环境中，适度的装饰是不可忽视的元素。

提供适当的饮品和小食可以缓解紧张情绪，营造轻松的交流环境，使谈判双方更容易建立信任关系。饮品和小食不仅能够满足参与者的生理需求，还能在无形中拉近彼此的距离。通过在谈判中巧妙地安排休息时间，提供轻松的社交机会，可以有效地缓解谈判带来的压力。在这样的环境中，参与者更容易敞开心扉，展开建设性的对话，从而为谈判的成功奠定良好的基础。

（三）借助音乐、灯光等营造氛围

借助音乐和灯光等元素，可以为谈判创造一个合适的氛围，促进双方的交流与合作。适当的背景音乐能够营造轻松愉快的氛围，这在缓解谈判中的紧张情绪方面尤为重要。当谈判双方在一个放松的环境中进行交流时，彼此之间的沟通会更加顺畅，从而有助于达成更好的合作结果。

灯光的运用同样具有深远的影响。通过调节灯光的柔和度和色彩变化，可以间接地影响谈判参与者的情绪和心理状态。这种细微的变化能够增强交流的效果，使得谈判更加富有成效。灯光的巧妙设计不仅可以使谈判环境更加舒适，还能在无形中增强参与者的积极性和合作意愿。

选择与谈判主题相关的音乐是营造积极谈判环境的另一种有效策略。音乐可以在潜意识中影响人的情绪和态度，选择恰当的音乐能够增强双方的合作意愿，营造出一种积极的氛围。这种氛围不仅有助于缓解紧张情绪，还能激发创意和灵感，使谈判过程更加富有成效。

在谈判过程中，音乐的音量和节奏的适时调整也至关重要。通过调节音乐的音量，可以有效引导谈判的节奏，保持双方的注意力和参与感。这种策略能够在谈判的关键时刻发挥作用，帮助谈判者抓住机会，达成预期的目标。音乐的节奏变化还能够影响谈判的动态，使整个过程更具吸引力和趣味性。

灯光和音乐的结合使用，可以创造出一种多感官的交流环境，增强谈判的吸引力和愉悦度。这种多感官的刺激不仅能够吸引谈判参与者的注意力，还能使他们更加投入于谈判过程。通过营造一个舒适而富有创意的环境，谈判者能够更好地表达自己的观点，倾听对方的意见，从而在合作中取得更好的成果。

第二节　开场白的设计与运用

一、设计与运用开场白的目的和重要性

（一）建立良好的第一印象

在国际商务谈判中，开场白的设计与运用不仅是谈判的起点，更是建立良好第一印象的关键。通过简洁明了的开场白，可以迅速吸引对方的注意力，避免冗长的介绍而导致的厌倦感。开场白的简洁性能够使谈判双方迅速进入主题，从而提高谈判的效率。使用积极的语言和友好的语调是开场白成功的另一要素。这种语言风格能够营造轻松愉快的氛围，帮助消除双方的紧张感，使谈判在和谐的环境中展开。语调的友好与否直接影响到对方的情感接受度，因此在开场白中应尽量保持积极性。

适当的幽默或轻松的故事在开场白中也扮演着重要角色。幽默能够拉近与对方的距离，增强亲和力，使对方感受到一种轻松和开放的交流氛围。然而，幽默的使用需要谨慎，必须考虑到对方的文化背景和接受能力，以免造成误解或不快。了解并适应对方的文化背景是设计开场白时不可忽视的环节。使用符合对方习惯的开场方式不仅展示了对文化差异的尊重与理解，也有助于建立信任感和合作意愿。在全球化的商务环境中，文化的敏感性和适应性是谈判成功

的关键因素之一。

在开场白中，明确会议目标和议程至关重要。通过清晰的目标陈述和议程安排，对方可以迅速了解谈判的方向与重点，避免因信息不对称而产生的误解或分歧。明确的目标不仅有助于谈判的顺利进行，还能使双方在谈判过程中保持聚焦，减少不必要的分歧和争论。在这一过程中，开场白的设计不仅需要考虑语言的表达，还需关注非语言交流的影响，如肢体语言和面部表情等。综合运用这些策略与技巧，可以有效增强国际商务谈判的开局效果，为谈判的顺利进行奠定良好的基础。

（二）引导谈判方向

开场白的核心作用之一是引导谈判方向。通过精心设计的开场白，谈判者可以明确谈判目标，确保双方对谈判的预期一致，避免误解和冲突的发生。明确的目标不仅有助于在谈判过程中保持焦点，也能为谈判各方提供一个共同的基准，从而减少不必要的摩擦和分歧。此外，开场白还可以通过使用开放式问题来引导对方表达其需求和关注点。这种方式不仅可以促进双方的深入交流，还能帮助谈判者更好地把握对方的意图和期望，为后续谈判奠定良好的基础。

在谈判过程中，适时总结和重述对方的观点是展示倾听与理解的有效方式。通过这种方式，谈判者不仅可以向对方传达出自己对其观点的重视，还能增强对方的信任感。这种信任感对于谈判的顺利进行至关重要，因为它有助于减少对方的防备心理，增加合作的可能性。同时，灵活调整谈判策略也是引导谈判方向的关键。根据对方的反应和情绪变化，及时修正谈判策略，可以更好地适应谈判的动态变化，从而提高谈判的成功率。

设定谈判的时间框架是确保讨论在规定时间内进行的有效手段。合理的时间安排不仅可以提高谈判的效率，还能增强谈判各方的专注度。在时间框架内，各方能够更加集中精力于核心问题的讨论，避免因时间拖延而导致的注意力分散和效率降低。此外，时间框架的设定也为谈判提供了一种紧迫感，促使各方在有限的时间内积极寻找解决方案，从而加快谈判的进程。通过这些策略，开场白不仅能够有效引导谈判方向，还能为整个谈判过程奠定坚实的基础。

（三）增强谈判信心

自信的心态能够帮助谈判者在面对复杂的谈判情境时保持冷静与从容。通过积极的自我暗示，谈判者可以在心理上为自己构建一个强大的信心基础。这种自我暗示不是简单的自我鼓励，而是通过系统的心理训练，使谈判者能够在各种压力下保持稳定的心理状态，从而在谈判中展现出更强的决策能力和沟通技巧。

为了在谈判中增强自信，模拟练习和角色扮演是不可或缺的工具。这些练习可以帮助谈判者熟悉不同的谈判场景，并提高其应对突发情况的能力。通过反复的模拟，谈判者能够在安全的环境中试错，找到最适合自己的谈判风格和策略。此外，角色扮演也有助于谈判者从不同的视角理解谈判对手的可能反应，从而更好地预测谈判的走向，增强临场应变的自信心。

二、开场白的语言与非语言技巧

(一) 语言表达技巧

语言不仅是信息传递的工具，更是影响对方情感和态度的重要手段。使用积极的语言来传达信心和热情，可以有效地鼓励对方参与讨论。这种积极的表达方式能够营造一种开放和合作的氛围，使谈判双方更容易达成共识。在此过程中，谈判者应注意自己的语调和措辞，避免使用消极或模棱两可的语言，以免引起误解或抵触情绪。

运用简洁明了的表达方式是确保信息清晰传达的另一重要技巧。在国际商务谈判中，复杂的术语和冗长的表达可能导致信息的丢失或误解。因此，谈判者应尽量使用简单易懂的语言，以确保对方能够准确理解所传递的信息。这不仅有助于提高沟通效率，还能减少因文化和语言差异引起的误解。同时，简洁的表达也有助于保持谈判的节奏，使双方能够更集中于核心议题的讨论。

根据对方的文化背景调整用词和语气，是展示对其习惯和价值观尊重的有效方式。国际商务谈判往往涉及不同文化背景的参与者，因此，谈判者需要对对方的文化习俗有一定的了解。通过调整语言表达方式，如语气的轻重、用词的选择等，可以有效地避免文化冲突，增进双方的互信和理解。这种文化敏感性不仅能提高谈判的成功率，还能建立长久的合作关系。

通过提问和反馈的方式，保持互动性是增强交流有效性与参与感的重要策略。在谈判中，单向的信息传递往往难以激发对方的兴趣和参与欲望。因此，谈判者应通过提问的方式引导对方思考和回应，从而形成良好的互动。同时，及时的反馈也能让对方感受到被重视和理解，进而提升谈判的积极性。互动性的交流方式有助于双方在谈判中达成更深刻的理解和更有效的合作。

运用生动的比喻和例子，使抽象的概念更易于理解，是提升沟通吸引力的有效手段。在国际商务谈判中，谈判者常需要解释复杂的概念或方案。此时，借助生动形象的比喻和具体的例子，可以帮助对方更好地理解这些抽象概念。这种技巧不仅能使谈判内容更具吸引力，还能增强对方的认同感，从而为达成谈判目标奠定良好的基础。

（二）肢体语言运用

肢体语言不仅是言语的补充，也是一种无声的沟通方式。通过保持开放的姿态，可以展现出友好与接纳的态度，从而营造轻松的交流氛围。避免交叉双臂或身体转向一侧，这些姿势可能会被误解为防御或不满。开放的姿态能够使对方感受到被欢迎和被尊重，从而为接下来的谈判奠定良好的基础。

适当的眼神接触是增强与对方连接感的重要手段。通过眼神交流，可以传达自信与关注，然而，过度的盯视可能会让对方感到不安或有压迫感。因此，掌握眼神交流的技巧是至关重要的。在谈判中，眼神的频率和持续时间应根据对方的反应进行调整，以确保双方都处于舒适的状态。这种眼神的互动不仅有助于建立信任，还可以在无声中传递重要的信息。

手势的使用在谈判中同样具有重要的作用。通过适时的手势来强调关键点，可以使信息传达更加生动有力。手势不仅可以帮助对方理解谈话的重点，还能使谈判过程更具吸引力和说服力。然而，手势的使用需要适度，过多或者不当的手势可能会分散对方的注意力。因此，在运用手势时，应注重其与言语内容的协调性，以达到最佳的沟通效果。

在谈判过程中，身体语言的节奏与协调也是需要注意的方面。过于激动或僵硬的动作可能会影响谈判的自然流畅性，甚至可能传递出错误的信息。因此，谈判者应保持动作的自然和谐，避免因紧张或情绪波动而影响到整个谈判的氛围。通过自如的身体语言，可以使谈判更具亲和力和感染力，从而促进双方的有效沟通。

（三）语调与节奏控制

语调的变化可以传达出丰富的情感和意图，使谈判者能够在开场白中更有效地传递信息。通过适时调整语调，谈判者可以增强信息的传递效果，从而更好地引导谈判的方向。例如，略微提高语调可以表达兴趣和热情，而降低语调则可能传达出严肃和权威。语调的微妙变化不仅影响信息的接收，还能影响对方的情绪和反应，进而影响谈判的氛围。

控制语速是另一种重要的技巧，通过适当放慢或加快节奏，谈判者可以有效地引导对方的注意力。放慢语速有助于营造一种轻松的氛围，使对方更容易接纳复杂的信息；而加快语速则可以营造紧迫感，促使对方更快地作出反应。在谈判的开局阶段，掌握语速的变化能够帮助谈判者更好地掌控谈判节奏，确保信息的清晰传达和双方的有效沟通。

重音和停顿的使用是强调关键信息的一种有效方法。在开场白中，谈判者可以通过重音突出某些重要词汇或短语，使听众更容易记住和理解这些内容。同时，适当的停顿可以为对方提供思考的时间，帮助他们更好地消化接收到的信息。这种技巧不仅提高了信息的可记忆性，还增强了谈判者的表达效果，使其信息传递更加精准。

根据谈判内容和对方反应灵活调整语调，展示出谈判者对谈判进程的敏感度和适应能力。在谈判过程中，灵活地调整语调能够反映出谈判者的专业性和应变能力。例如，当对方表现出疑虑或抗拒时，调整语调以显示理解和包容，可以缓解紧张气氛，促进双方的沟通与合作。这种灵活性在国际商务谈判中尤为重要，因为它能够帮助谈判者在复杂多变的环境中保持谈判的积极进展。

三、开场白的时机选择与调整

（一）根据谈判主题选择合适的开场时间

谈判者需要在谈判前进行充分的准备，确保对谈判主题有清晰的理解，以便选择最佳的开场时机。充分的准备不仅包括对主题的深入研究，还涉及对谈判对手的背景、文化和习惯的了解。这种全面的准备有助于谈判者在开场时展现专业性和自信心，从而为整个谈判过程奠定良好的基础。通过对谈判主题的深刻把握，谈判者能够更好地判断何时进入主题，以确保信息传递的有效性和准确性。

观察对方的情绪和状态是选择开场时机的重要策略之一。在谈判过程中，对方的情绪和状态会直接影响谈判的氛围和结果。因此，谈判者应密切关注对方的情绪变化，选择在对方放松或积极的时刻进行开场，以增强谈判的效果。比如，在对方心情愉悦或对谈判话题表现出兴趣时进行开场，能够有效地降低对方的防备心理，增加谈判的亲和力和互动性。这种策略不仅有助于建立良好的沟通基础，还能为后续的谈判内容创造一个更加开放和积极的环境。

根据谈判的具体环境和氛围，灵活调整开场时机是谈判者必须具备的能力。在不同的谈判场合，合适的开场时机可能会有所不同。例如，在轻松的社交场合中，谈判者可以选择提前开场，以利用轻松的氛围来缓解紧张情绪，促进双方的互动和交流。而在正式的商务会议中，谈判者则可能需要等待更为严肃的时刻，以确保谈判的正式性和严谨性。通过对环境和氛围的敏锐感知，谈判者能够灵活运用开场白策略，以最大化地提高谈判的效率。

（二）适应文化差异的时间选择策略

不同文化背景下，人们对时间的重视程度和理解方式各异，这直接影响到谈判的开场效果。了解并尊重这些差异，可以避免因时间观念不同而产生误解。在某些文化中，时间被视为一种严格的显性资源，谈判的每个阶段都需要精确规划，而在另一些文化中，时间可能被视为一种更为灵活的资源，谈判节奏可以根据实际需要进行调整。因此，谈判者需要在开场白中体现对时间观念的敏感性，以便更好地与对方建立信任和合作基础。

在选择谈判时机时，结合对方文化的传统习惯，尤其是在重要的节日或纪念日之后进行谈判，往往能提高谈判的亲和力和成功率。这种策略不仅体现了对对方文化的尊重，还可以通过选择恰当的时间节点，创造一个更为轻松和开放的谈判氛围。例如，在某些亚洲文化中，节日后的时间通常被视为重新开始的良机，此时进行谈判，能够借助节日带来的积极情绪，促进更为顺畅的交流和合作。

在跨文化谈判中，灵活调整开场时机以适应对方的工作节奏和日常安排，是确保谈判顺利进行的关键。在工作节奏较为紧凑的情境中，谈判者需要在开场时机上更加灵活，以便在对方最为高效的时间段内进行交流。而在工作节奏相对宽松的情境中，谈判者则可以选择在对方较为放松的时段进行开场，以确保对方能够以最佳状态参与讨论。通过这样的调整，谈判者可以有效地提高谈判的效率。

观察对方在谈判前后的准备时间需求，适当延长或缩短开场时间，是适应不同文化背景下对时间期望的具体体现。在谈判前的准备工作可能需要较长时间时，谈判者应适当延长开场时间，以给予对方充分的准备空间。而在谈判者可能倾向于快速进入实质性讨论时，缩短开场时间以适应对方的节奏，将有助于提高谈判的效率。通过这种对时间策略的灵活运用，谈判者不仅能够更好地适应对方的文化习惯，还能有效地促进双方的沟通和理解。

（三）根据谈判进度调整开场策略

谈判进程的不同阶段对开场白的要求各异，适时调整策略可以有效提高谈判效率。调整开场策略时，首先要确保开场白与当前讨论的议题紧密相关。这种相关性不仅能增强参与者的关注度，还能提高他们的参与感。通过明确的议题导向，谈判双方能够更迅速地进入讨论状态，避免因议题不清而产生的沟通障碍。

观察对方的反应和情绪变化是调整开场策略的关键。在谈判过程中，谈判者需敏锐地捕捉对方的情绪波动和反应。通过对这些变化的观察，谈判者可以适时调整开场策略，以更好地适应当前谈判的氛围和节奏。例如，当对方表现出紧张或不安时，适当的幽默或轻松的开场白可能有助于缓解紧张气氛，从而为接下来的谈判创造更为融洽的环境。

谈判进入关键阶段时，简化开场白是提高效率的有效手段。在这一阶段，双方的关注点往往集中在核心议题上，简化开场白可以帮助谈判者直接切入主题，避免不必要的冗长铺垫。通过直接而简洁的开场，谈判双方可以更专注于实质性问题的讨论，从而提高谈判效率并确保谈判的顺利推进。

灵活引入新的话题或调整开场方式是推动谈判向前发展的重要策略。根据谈判的进展情况，谈判者可以适时引入新的话题，以激发对方的兴趣和积极性。这样的调整不仅可以打破谈判僵局，还能为谈判注入新的活力。此外，适时调整开场方式，可以使谈判在不同的阶段保持新鲜感和吸引力，从而更有效地达成谈判目标。

四、开场白的结构与内容设计

（一）逻辑结构安排

在国际商务谈判中，开场白的逻辑结构安排不仅影响谈判的初始氛围，还能直接影响谈判的进程和结果。开场白的基本结构通常包括引入部分、核心内容和结束语三个部分。引入部分旨在建立与对方的初步联系，营造友好的交谈环境；核心内容是传达谈判的主要议题和目标；结束语主要为接下来的谈判奠定积极的基调。为了确保开场白的内容流畅和易于理解，信息传递的逻辑顺序必须经过精心设计。逻辑顺序不仅帮助谈判者清晰地表达观点，也使得对方能够更好地理解谈判的目的和方向。

在设计开场白时，谈判者需要根据谈判的目标设定开场白的重点内容，突出关键信息。这一过程要求谈判者对谈判的目标有清晰的认知，并能够将这些目标转化为简洁而有力的开场白。通过这种方式，谈判者能够在开场白中有效地传达其核心诉求，确保对方在谈判一开始就能准确把握谈判的重点。此外，开场白中情感表达的层次设计也是一个关键因素。合理的情感表达不仅能够增强与对方的情感连接，还能在一定程度上缓解谈判中的紧张气氛，从而为后续的谈判创造更加融洽的氛围。

（二）关键内容选择

关键内容的选择需要考虑多方面因素，以确保开场白能够激发对未来合作的期待感。首先，开场白中应包含对双方合作潜力的积极展望。通过描绘双方合作可能带来的美好前景，可以有效增强谈判对手的兴趣和参与感。这种展望不仅是对合作成果的预期，也是对双方共同发展的期待，能够在谈判初始阶段就建立起良好的互动基础。

其次，强调双方的共同利益和目标是开场白中的另一关键内容。通过明确双方的共同点，谈判者能够迅速找到合作的契合点，增强彼此的合作意愿。这种策略不仅有助于营造积极的交流氛围，还能在潜移默化中减少谈判者的对立情绪。共同利益和目标的强调，使得谈判双方能够以更开放的心态进行沟通，从而为后续的谈判奠定坚实的基础。

再次，提供清晰的谈判议程也是开场白中不可或缺的内容。一个结构明确、重点突出的议程能够帮助参与者快速进入谈判状态，明确讨论的重点和流程。这种做法不仅提高了谈判的效率，还能有效避免因议题不清而导致的沟通障碍。议程的清晰性在一定程度上也反映了谈判组织者的专业性和对谈判的重视程度，从而增强了谈判的严肃性和权威性。

最后，在开场白中适当提及对方的成就或优势，是一种展示尊重与认可的策略。通过对对方能力的肯定，可以建立起一种相互尊重的谈判氛围。这样的开场白能够有效拉近双方的心理距离，促使对方在谈判中更加开放和合作。同时，这种认可也为谈判的顺利进行创造了良好的基础，有助于在谈判过程中形成建设性的互动与交流。

（三）开场白的长度控制

开场白应控制在13分钟内，以确保快速吸引对方注意力，避免冗长的介绍造成乏味。一个简短而有力的开场白可以在谈判一开始就建立良好的氛围，吸引对方的兴趣和关注。通过简洁明了的语言，谈判者能够迅速传达核心信息，使对方在短时间内理解谈判的重点和方向，从而为接下来的讨论奠定基础。

谈判的复杂程度是决定开场白长度的重要因素。对于简单议题，开场白可以简短介绍，以节省时间并迅速进入主题。然而，对于复杂议题，开场白需要详细阐述，以确保对方全面理解谈判内容的背景和重要性。在这种情况下，谈判者需要在开场白中合理安排信息的层次和逻辑，以便对方能够清晰地把握谈判的脉络，进而为后续的深入讨论做好准备。

在开场白中，重点突出关键信息是确保信息传达清晰和有效的关键。谈判者应避免过多的细节，以免造成信息过载，使对方失去对谈判核心内容的关注。通过聚焦于谈判的关键要点，谈判者不仅能够提高信息传达的效率，还能增强对方对谈判议题的记忆和理解。这种策略有助于在谈判中建立明确的目标和共识，从而提高谈判的成功率。

五、开场白中的礼仪与礼貌

（一）尊重对方文化

了解对方文化中的礼仪规范，不仅有助于避免文化冲突，还能在开场白中体现对对方文化的尊重和理解。通过对文化礼仪的深入研究，谈判者可以在开场白中融入对方文化的元素，增强沟通的顺畅性和有效性。例如，使用对方语言的问候语，表现出对对方文化的重视，能拉近双方的心理距离，营造亲和的谈判氛围。这种对文化细节的关注，往往能在无形中提高谈判的成功率。

在开场白中，谈判者需要敏锐地感知对方文化对时间的重视程度。不同文化对时间的看法可能截然不同，有些文化重视准时性，而有些文化则更为灵活。因此，谈判者应根据对方文化的时间观念，适时调整开场时机，以符合对方的期待。这种对时间的敏感度不仅展示了对对方文化的尊重，也体现了谈判者的专业素养和灵活性。在谈判的初始阶段，适时的开场白可以有效地引导谈判进程，避免因时间观念差异而导致的误解。

此外，在开场白中提及对方的文化背景或成就，是增强谈判亲和力和信任感的有效策略。通过对对方文化的积极评价，谈判者可以展示对对方成就的认可，进而建立起一种相互尊重的关系。这种策略不仅能提升谈判的友好氛围，还为后续的谈判奠定了信任基础。谈判者应在开场白中巧妙地融入这些元素，使对方感受到被重视，从而更愿意进行开放的交流和合作。

避免使用对方文化中可能被视为冒犯的语言或手势，是维护良好谈判氛围的关键。在跨文化谈判中，语言和非语言交流都可能因文化差异而产生误解，因此，谈判者应在开场白中谨慎选择用词和手势，确保不触碰文化禁忌。这需要谈判者具备丰富的文化敏感性和沟通技巧。通过对文化禁忌的了解和尊重，谈判者可以有效地避免不必要的冲突，维护谈判的和谐与顺利进行。

（二）使用礼貌用语

开场白中使用“请”和“谢谢”等礼貌用语，能够表达对对方的尊重和感谢。这种礼貌的表达不仅能让对方感受到被重视，也能为接下来的谈判奠定一个良好的基础。礼貌用语的使用在国际商务谈判中尤为重要，因为它反映了谈判者的专业素养和对文化差异的敏感度。在不同的文化背景下，礼貌用语的适时使用可以避免潜在的误解和冲突，促进双方的沟通与合作。

在介绍自己和团队时，使用谦逊的语言显得尤为重要。避免夸大自身的成就，不仅是对对方的尊重，也是一种成熟的表现。这种谦逊的态度能够让对方感受到诚意，从而更容易建立信任关系。在国际商务谈判中，信任是成功的关键因素之一。通过谦逊的自我介绍，谈判者可以展示出开放的心态和合作的意愿，进而吸引对方的兴趣和关注。这种谦逊的表现也有助于减少文化差异带来的误解，增强谈判的有效性。

在谈论合作机会时，使用“我们可以一起探讨”的表述，能够强调合作的意愿而非单方面的要求。这种表达方式不仅展示了谈判者的开放态度，也体现了对对方观点的重视。在国际商务谈判中，合作的意愿往往是促成交易的关键因素。通过这种合作性的语言表达，谈判者可以有效地传递出愿意共同努力实现目标的信息，增强对方的参与感和积极性。这种语言技巧在谈判中能够有效地促进双方的沟通与理解，提高谈判的成功率。

在开场白中适时使用对方的称谓，如“先生”或“女士”，是展示对对方身份尊重的重要方式。在国际商务谈判中，称谓的使用不仅是礼貌的表现，也是对对方文化和习惯的尊重。适当的称谓可以拉近双方的心理距离，增加谈判的亲和力。称谓的正确使用能够避免因文化差异而产生的误解，增强谈判的顺利进行。在这种背景下，称谓不仅是礼仪的体现，也是谈判策略的一部分。

结束开场白时，使用“期待您的意见”或“希望能听到您的想法”等表达，能够有效地鼓励对方参与讨论，增强互动性。这种开放式的结束语不仅可以展示出谈判者对对方观点的重视，也能激发对方的参与热情。在国际商务谈判中，互动性是成功的关键。通过鼓励对方表达意见，谈判者可以获得更多的信息和反馈，从而更好地调整谈判策略。这种开放的沟通方式能够促进双方的理解与合作，为谈判的成功奠定基础。

第三节 初步议程的提出与协商

一、初步议程的核心要素

（一）目标设定

明确谈判的最终目标能够确保双方在谈判开始时对期望结果有清晰的共识，这不仅有助于减少误解和冲突，还能提高谈判的效率。在设定目标时，谈判各方需要共同识别并确认彼此的核心利益和需求，从而在谈判的各个阶段中保持一致的方向和步调。同时，设定可量化的指标是评估谈判进展和成果的关键工具。通过这些具体的指标，谈判团队可以在谈判过程中实时监控进展，及时调整策略，确保谈判朝着既定目标推进。

在目标设定中，考虑潜在的妥协方案同样重要。谈判中充满了不确定性和变化，因此保持灵活性是应对挑战的有效策略。设定目标时，应当兼顾双方的利益，以促进合作意愿，增强谈判的积极性和建设性。通过对彼此利益的深刻理解和尊重，谈判各方能够更有效地找到共同点，进而推动谈判的顺利进行。此外，设定目标时必须考虑时间框架，以确保谈判过程高效并有序进行。时间管理不仅有助于控制谈判的节奏，还能避免因拖延而导致的资源浪费和机会损失。通过合理的时间规划，谈判团队可以更好地协调内部资源，提高整体谈判的成功率。

(二) 参与者角色

明确各参与者在谈判中的职责是确保每个角色能够有效发挥其作用的基础。通过清晰的角色分配，谈判团队可以在复杂的谈判环境中保持协调，避免因职责不清而导致的混乱。每个参与者的角色不仅是一个名义上的头衔，更是需要在实际操作中具体体现其功能和贡献。因此，角色的明确化有助于促进谈判的顺利进行，并为谈判的成功奠定基础。

识别关键决策者和影响者是谈判过程中不可或缺的一环。这些人物通常掌握着重要的决策权和资源，能够在关键时刻影响谈判的走向。通过识别这些人物，谈判团队可以在必要时争取到他们的支持，从而增加谈判的筹码。了解谁是关键决策者和影响者，并在谈判中与他们建立良好的关系，能够为谈判的成功提供强有力的保障。这种识别不仅需要对参与者的职位有清晰的了解，还需洞察其在组织中的影响力和决策能力。

根据参与者的专业背景和经验，合理分配任务是确保信息和观点多样性与全面性的关键。在国际商务谈判中，参与者往往来自不同的专业领域，拥有各自的专长和经验。合理利用这些背景和经验，可以丰富谈判的视角，提供更全面的解决方案。通过任务的合理分配，团队可以发挥每位成员的优势，避免资源的浪费和能力的闲置，从而提高谈判的效率。

建立良好的沟通渠道是确保所有参与者能够及时获取信息的前提。有效的沟通能够提高团队协作的效率，减少误解和信息的丢失。在国际商务谈判中，各参与者可能分布在不同的地理位置，甚至跨越多个时区。因此，建立一个高效、可靠的沟通系统显得尤为重要。通过现代化的通信工具和平台，团队可以实现无缝的信息交流，确保每位成员都能参与谈判的每一个环节。

关注参与者的文化差异，调整角色定位与沟通方式，是适应不同文化背景下谈判需求的重要策略。在国际商务谈判中，文化差异可能影响到沟通的方式、谈判的风格以及决策的过程。因此，了解和尊重这些差异，能够在谈判中建立更好的信任关系，减少文化误解带来的障碍。通过调整角色定位与沟通方式，谈判团队可以更灵活地应对文化差异，确保谈判的顺利进行。

(三) 时间安排

合理的时间安排不仅能够确保每个议题都有足够的讨论时间，还能有效避免因时间不足而导致的草率决策。在谈判过程中，时间管理是一个关键因素，它直接影响到谈判的效率和结果。因此，在初步议程的制定中，必须对每个议题的时间分配进行详细规划，以确保各方能够充分表达观点并进行深入讨论。

为关键议题分配优先级是提高谈判效率的另一重要策略。在谈判过程中，某些议题可能比其他议题更为重要或复杂，因此需要在时间安排上给予更多的关注。这种优先级的设定不仅能够确保重要事项在谈判中得到及时处理，还能防止因次要议题占用过多时间而影响整体谈判进程。通过合理的优先级分配，谈判者可以更好地掌控谈判节奏，确保谈判目标的实现。

在初步议程中明确每个议题的预计讨论时间，有助于参与者合理安排发言和讨论。这种时间的明确性不仅增强了时间意识，还能够帮助各方在有限的时间内集中精力讨论最为关键的问题。此外，明确的时间安排还可以减少不必要的拖延，促使各方在规定的时间内达成共识，提高谈判效率。

根据谈判的复杂性灵活调整时间安排，是保持谈判灵活性的重要手段。在实际谈判中，突发情况和深入讨论的需要往往难以预料，因此，谈判者需要具备灵活调整时间安排的能力。这种灵活性不仅能够帮助谈判者应对各种突发情况，还能确保在必要时给予某些议题更多的讨论时间，从而提高谈判的整体质量。

二、初步议程的制定流程

（一）信息收集

通过全面的信息收集，可以为谈判奠定坚实的基础。谈判各方需要确定彼此的背景信息，包括公司历史、市场定位和文化特点。这些信息有助于理解对方的企业文化和经营策略，从而在谈判中采取适当的沟通方式。此外，了解对方的市场定位可以帮助识别其在行业中的竞争优势和劣势，为谈判策略的制定提供有价值的参考。通过深入的背景信息分析，谈判者能够更好地预测对方的谈判风格和可能的策略，为谈判的顺利进行做好准备。

同时，收集与谈判主题相关的行业数据和市场趋势也是信息收集的关键环节。行业数据可以揭示市场的整体动态和发展方向，而市场趋势则可以帮助谈判者识别潜在的机会和挑战。通过分析这些数据，谈判者可以更好地理解行业环境，以及未来可能面临的市场变化。这种理解不仅有助于制定合理的谈判目标，还能帮助谈判者在谈判中提出具有前瞻性的建议，以增强谈判的说服力和竞争力。

了解对方的需求和期望是信息收集过程中不可或缺的一部分。通过调查或访谈等方式获取对方在谈判中可能提出的关键问题，可以为谈判的准备工作提供重要的参考。了解对方的需求有助于谈判者在制定议程时更具针对性，确保谈判的议题能够满足各方的核心利益。此外，了解对方的期望也可以帮助谈判者在谈判过程中更有效地引导谈判方向，避免不必要的冲突和误解，从而提高谈判的效率和成功率。

（二）议程草案编制

议程草案不仅为谈判奠定了基础，也为各方提供了一个共同的讨论框架。明确议程主题是编制草案的首要任务。只有在明确主题的情况下，各方才能对讨论内容形成共同的理解和共识，这对于谈判的顺利进行至关重要。议程主题的明确不仅有助于避免不必要的误解，还能确保各方在同一平台上进行沟通，从而提高谈判的效率。

在议程草案的编制过程中，制定清晰的议程结构是提高会议效率的关键。议程结构应包括各议题的顺序和讨论方式，这样才能确保每个议题都能得到充分的讨论和关注。清晰的结构有助于引导参与者的注意力，使他们能够集中精力于当前议题，从而避免在谈判过程中出现混乱或不必要的分歧。同时，合理安排议题顺序也能使谈判更加流畅，确保每个环节都能按计划进行，避免因议题安排不当而导致的时间浪费。

设定每个议题的预期结果是议程草案编制中的另一个重要步骤。预期结果的设定有助于参与者明确讨论的目标和方向，使他们能够更有针对性地进行准备和讨论。通过设定明确的预期结果，参与者可以在谈判中保持目标一致，从而提高谈判的效率和成功率。此外，明确的预期结果还能够为后续的决策提供参考依据，使各方在达成共识时有据可依。

在编制议程草案时，还需考虑可能的时间冲突。灵活安排各议题的讨论时间，确保重要内容得到充分讨论，是提高会议效率的另一关键。时间安排的灵活性有助于应对突发情况，使各方能够在有限的时间内最大化地进行有效沟通。通过合理的时间管理，谈判各方能够确保重要议题不被忽视，同时也能为次要议题留出足够的讨论空间，从而提高谈判的整体效率。

收集与会者的意见和建议，并及时调整议程草案，是确保议程能够适应参与者需求和期望的重要步骤。通过与会者的反馈，谈判组织者可以了解各方的关注点和期望，从而对议程进行必要的调整。这样的动态调整不仅能够提高参与者的满意度，还能增强谈判的针对性和有效性，从而为最终达成共识奠定坚实基础。通过这一过程，议程草案能够更好地服务于谈判的实际需要，确保谈判的成功进行。

（三）内部审核

内部审核的目的在于确保议程草案的逻辑性和可行性，避免在正式谈判中出现混乱或误解。在国际商务谈判中，议程的合理性直接影响到谈判的效率和效果，因此，内部审核不仅是形式上的必要步骤，更是实质性优化议程的关键环节。通过对议程草案的细致审核，可以提前识别和解决潜在的问题，确保谈判各方在正式场合能够集中精力于实质性讨论。

在内部审核过程中，关注参与者的反馈是必不可少的，这不仅有助于确保议程草案的全面性和准确性，还能增强团队的凝聚力和共识。每位参与者的意见都可能为议程的完善提供新的视角和思路，因此，审核小组需积极收集和分析这些反馈，确保所有相关意见被充分考虑。通过这种方式，团队成员的参与感和责任感得以提升，从而为后续的谈判奠定良好的基础。

审核时，评估议程中每个议题的相关性和重要性是确保讨论内容紧扣谈判目标的关键。国际商务谈判往往涉及多个复杂议题，而每个议题的重要性和优先级可能不同，因此，合理排序和筛选议题是内部审核的重点之一。通过对每个议题的深入分析，可以确保谈判的焦点始终围绕核心目标展开，避免因次要问题而分散注意力。这种针对性的审核有助于提高谈判的针对性和有效性。

内部审核应形成明确的修改意见和建议，以确保最终的议程草案能够有效反映各方的需求和期望。这一过程不仅是对议程草案的优化，也是对谈判策略的进一步明确和细化。通过形成书面的审核报告，各方可以清晰了解议程调整的理由和方向，为后续的谈判做好充分准备。这种细致的审核和调整过程，有助于在谈判中建立起各方的信任和合作基础。

三、初步议程的协商技巧

（一）双赢策略

在国际商务谈判中，双赢策略是一种旨在实现各方利益最大化的谈判方法。

通过明确双方的共同利益，谈判者可以通过合作实现互利共赢。这种策略不仅增强了谈判的积极性与建设性，还为谈判的顺利进行奠定了基础。在谈判过程中，双赢策略强调双方应聚焦于共同的目标，避免因短期利益的分歧而产生冲突。通过这种方式，谈判者能够更有效地达成协议，同时也为未来的合作创造了良好的氛围和基础。

开放式沟通是双赢策略的重要组成部分。鼓励各方在谈判中表达自身的需求与期望，可以帮助谈判者更好地理解彼此的立场，从而找到最佳的解决方案。开放式沟通不仅有助于减少误解和冲突，还能促进信任的建立。通过这种沟通方式，各方能够在一个透明的环境中进行交流，进而探索出更具创造性和建设性的解决方案，提高谈判的效率。

在谈判过程中，灵活调整方案是确保各方都能接受并感到满意的关键。谈判者需要根据谈判的进展和各方的反馈，及时调整谈判策略和方案。这种灵活性不仅能够促进谈判的顺利进行，还能提高谈判的成功率。通过灵活的调整，谈判者可以更好地应对谈判中的不确定性，确保最终达成的协议能够满足各方的需求，并为未来的合作奠定基础。

创造性思维在双赢策略中扮演着重要角色。通过利用创造性思维，谈判者可以探索多种可能的解决方案，以满足不同利益方的需求。创造性思维不仅能提升谈判的价值，还能帮助谈判者打破传统思维的束缚，找到更为创新和有效的解决方案。这种思维方式能够激发谈判者的潜力，为谈判带来新的思路和启发，进而提高谈判的成功率和质量。

（二）谈判语言

谈判语言不仅是信息传递的工具，也是影响谈判进程和结果的关键因素。使用清晰简洁的语言能够确保信息传达的准确性和有效性，避免因语言模糊或表达不当而引发的误解。这样的语言风格可以帮助谈判双方在有限的时间内迅速抓住要点，减少误会和争执，从而提高谈判的效率。特别是在多文化背景的商务谈判中，语言的清晰性尤为重要，它不仅能够消除文化差异带来的障碍，还能帮助双方建立信任和合作的基础。

积极的语言风格在谈判中也扮演着不可或缺的角色。通过运用积极的语言，谈判者可以营造出一种友好和开放的谈判氛围，激励对方更积极地参与讨论。这种语言风格有助于缓解谈判中的紧张情绪，促进双方的合作意愿。积极的语言不仅能够增强谈判的互动性，还能激发对方的创造性思维，推动谈判向更有建设性的方向发展。此外，积极的语言还能在一定程度上化解谈判中的冲突，帮助双方找到更具共识的解决方案。

在谈判中适时使用专业术语也是一种重要的语言策略。通过展示对行业的熟悉程度，谈判者能够增强自身的专业形象和可信度。然而，使用专业术语时需确保对方能够理解，以免造成不必要的沟通障碍。适度的专业术语使用可以帮助谈判者在谈判中占据主动地位，同时也能促进双方在专业领域的共同理解和合作。因此，谈判者在使用专业术语时应根据对方的背景和知识水平进行调整，确保信息的有效传递。

（三）文化敏感性

理解不同文化对时间的重视程度是谈判成功的基础之一。在某些文化中，时间被视为一种珍贵的资源，而在其他文化中，时间可能被看作一个相对灵活的概念。因此，谈判者需要对这些差异有充分的理解，以便选择合适的时机开场，避免因时间观念差异导致的误解。对于某些文化而言，准时到达并严格按照时间表进行谈判是对对方的尊重，而在另一些文化中，谈判可能会有意拖延以便于建立更深厚的关系。

在谈判过程中，适时使用对方的语言或方言问候，能够体现出对其文化的重视和尊重。这不仅能增强谈判者的亲和力，还能在无形中拉近双方的心理距离。语言是文化的载体，使用对方的母语或方言进行问候，能够让对方感受到被重视和理解，从而更乐于在谈判中进行开放和诚实的交流。这种策略尤其在处理与文化背景差异较大的谈判对象时显得尤为重要。

谈判中需要注意对方文化中可能存在的禁忌，避免使用可能被视为冒犯的语言或手势，以维护良好的谈判氛围。每种文化都有其独特的禁忌和礼仪，在谈判时不慎触碰这些禁忌可能导致对方的不满甚至谈判的破裂。因此，谈判者在准备阶段应对对方的文化禁忌进行充分的了解和研究，以确保谈判的顺利进行。这种细致入微的准备工作可以有效避免误会和冲突。

四、初步议程的调整与优化

（一）反馈机制

反馈机制不仅有助于提高沟通的顺畅性，还能为谈判的动态调整提供依据。

通过建立定期反馈机制，参与者可以在谈判过程中及时表达自己的意见和建议，从而促进更有效的沟通。定期反馈机制的设立，使得各方能够在固定的时间节点上汇总意见，确保每个议程结束后或谈判阶段结束时，各方的反馈能够得到及时的处理和反映。这种机制不仅提升了谈判的透明度，还能在一定程度上减少误解和冲突，提高谈判的效率。

采用匿名反馈方式是另一种有效的策略，能够鼓励参与者在不受压力的情况下提出真实的想法。这种方式为参与者提供了一个安全的发声渠道，使得他们能够更自由地表达自己的观点，从而获取更为客观的意见。匿名反馈不仅保护了参与者的隐私，还消除了他们可能面临的心理负担，确保反馈的真实性和有效性。通过这种方式，谈判团队可以获得多样化的视角和建议，为议程的优化提供更为全面的数据支持。

设定反馈的具体时间节点至关重要。明确的时间安排可以确保反馈的及时性，使得参与者的意见能够在适当的时机被采纳和应用。无论是在每个议程结束后还是在整个谈判阶段结束时，及时的反馈机制都能确保各方的意见能够迅速影响后续的讨论。通过这种方式，谈判团队可以根据参与者的需求和期望，进行必要的调整和优化，从而提高谈判的有效性和满意度。

利用反馈信息进行动态调整是优化初步议程的核心步骤之一。通过对反馈信息的分析和总结，谈判团队可以识别出需要改进的环节，并据此进行调整。动态调整不仅能够满足参与者的需求，还能在谈判过程中不断优化议程的设置，提高谈判的整体效率。通过这种持续的优化过程，谈判团队可以确保议程始终保持灵活性和适应性，最大限度地满足各方的期望和目标。

重视反馈的总结与分享是反馈机制的最后一步。将收集到的意见和建议整理成文档，不仅能够确保所有参与者都能了解反馈结果，还能为后续的调整措施提供明确的指导。通过对反馈信息的总结和分享，谈判团队可以实现信息的透明化和共享，确保所有参与者都能够在同一基础上进行讨论和决策。这种做法不仅提高了谈判的公正性和透明度，还能增强团队的凝聚力和合作精神，为谈判的成功奠定坚实的基础。

（二）灵活应对

根据对方的反馈灵活调整议程内容，能够使讨论始终围绕参与者的关注点展开，从而提升谈判的有效性。这一策略要求谈判者具备敏锐的观察力和快速的反应能力，以便在谈判过程中及时识别和理解对方的意图和需求。通过灵活调整议程，不仅可以使谈判更具针对性，还能有效避免因议程不当而导致的误解或分歧，进而促进双方在谈判中达成共识。

在谈判过程中，适时调整讨论的深度和广度也是灵活应对的重要表现。面对不同的谈判对象和情境，谈判者需要根据对方的反应灵活应对，确保信息传递的清晰和有效。这不仅涉及对议题的深入探讨，还包括对谈判节奏的把握。通过灵活调整讨论的深度，谈判者可以在重要议题上进行深入分析，而在次要议题上则可以简化讨论，从而提高谈判效率。同时，广度的调整可以帮助谈判者在必要时拓宽讨论范围，捕捉潜在的合作机会。

在谈判进程中，突发情况的出现是不可避免的，这就要求谈判者随时准备修改议程顺序，以应对新的挑战或机会，从而保持谈判的灵活性。灵活调整议程顺序不仅可以帮助谈判者迅速响应变化的环境，还能有效利用突发事件带来的新机遇，推动谈判朝着有利的方向发展。此外，灵活的议程调整也能够减少因意外事件导致的谈判中断或失败的风险，确保谈判能够在动态环境中持续推进。

（三）优化方案

优化方案的制订需要考虑多方面的因素，以便在谈判过程中灵活应对各种变化。优化方案不仅是对现有议程的微调，更是对整体谈判策略的深度思考。通过对各方需求的深入分析，制订出符合各方利益的议程方案，不仅能够提高谈判的效率，还能为后续的谈判阶段奠定坚实的基础。优化方案的核心在于对谈判各个环节的精准把控，确保每一步都朝着预定的目标前进。

在谈判过程中，动态调整议程以适应实时反馈是至关重要的。这种调整不仅能确保各方需求得到及时响应，还能提高谈判的灵活性和应变能力。在实际操作中，谈判团队需要具备敏锐的洞察力和快速反应的能力，以便根据谈判进展和各方反馈，及时调整议程内容。这种动态调整的能力不仅可以提高谈判的效率，还能增强各方对谈判结果的满意度，从而为达成最终协议创造良好的条件。

为了提高谈判的灵活性和应变能力，在谈判中引入多种解决方案是一个有效的策略。不同的解决方案可以为谈判各方提供更多的选择，从而更好地满足各方的利益需求。在制订这些解决方案时，需要充分考虑各方的立场和利益，确保每一个方案都有其合理性和可行性。通过这种多方案的策略，谈判各方可以在不同的方案中找到平衡点，从而更容易达成共识。

定期评估谈判进展是确保谈判目标始终与实际情况保持一致的重要手段。在谈判过程中，各种因素可能会导致原定目标与实际情况出现偏差，因此，定期的评估和调整显得尤为重要。通过定期评估，谈判团队可以及时发现问题并作出相应调整，确保谈判始终朝着既定目标前进。这种评估不仅可以提高谈判的效率，还能增强各方对谈判过程的信心。

鼓励参与者提出创新建议是丰富讨论内容和提高合作意愿的重要策略。在谈判过程中，创新建议可以为谈判带来新的思路和解决方案，从而促进各方的合作。通过鼓励参与者积极思考和表达自己的想法，不仅可以丰富谈判的内容，还能增强各方的参与感和责任感。这种开放的氛围有助于提高谈判的效率，增强各方的合作意愿，从而为达成最终协议创造有利条件。

第三章　国际商务谈判沟通策略与技巧

第一节　有效倾听与理解技巧

一、倾听的重要性与定义

（一）倾听的类型

第一种，主动倾听。主动倾听是一种积极参与的倾听方式，它强调通过反馈和提问来确认理解和表达对对方的关注。在国际商务谈判中，主动倾听不仅可以帮助谈判者准确把握对方的意图，还能通过适时的反馈和提问来引导谈判的方向。这种倾听方式要求谈判者在接收信息的同时，进行思考和分析，并通过语言或非语言的方式给予回应。主动倾听能够增强谈判者的沟通能力，使其更好地理解对方的需求和期望，从而在谈判中占据主动地位。

第二种，被动倾听。被动倾听是一种相对较少参与的倾听方式，主要是接收信息而不进行互动。这种方式适用于信息量较大或复杂的谈判场合。在被动倾听中，谈判者的主要任务是尽可能全面地接收对方传递的信息，而不急于作出回应。这种倾听方式有助于谈判者在信息密集的谈判中保持清晰的头脑，避免因过多的互动而导致信息的遗漏或误解。然而，被动倾听也存在一定的局限性，谈判者需要根据具体情况灵活运用，以避免因缺乏互动而影响谈判的进程。

第三种，同理倾听。同理倾听是一种通过设身处地理解对方的情感和立场，以增强交流的深度和情感连接的倾听方式。在国际商务谈判中，同理倾听能够促进双方的信任关系，帮助谈判者更深入地理解对方的真实意图和潜在需求。这种倾听方式要求谈判者具备较高的情感智商，能够敏锐地感知对方的情感变化，并通过适当的回应来表达理解和支持。同理倾听不仅有助于化解谈判中的紧张情绪，还能在一定程度上影响对方的决策，从而为谈判带来积极的影响。

（二）倾听在国际商务谈判中的作用

倾听的定义可以被描述为在交流过程中，主动关注并理解对方所表达的内容与情感的能力。这种能力不仅要求谈判者能够准确接收信息，还需要能够对信息进行分析和判断，以便作出合理的回应。倾听的过程是一个动态的交流环节，涉及注意力的集中、情感的感知以及对信息的解码和反馈。这一过程的有效性直接影响到谈判的走向和结果。

通过倾听，谈判者能够深入了解对方的立场、需求和期望，这为制定有效的谈判策略提供了坚实的基础。倾听不仅是被动的信息接收，更是一种积极的参与方式。通过倾听，谈判者可以捕捉对方言语中的细微差别，从而更好地理解对方的真正意图。这种理解有助于在谈判中作出更为明智的决策，进而提高谈判的成功率。

倾听还可以增强谈判双方的信任感与合作意愿。在谈判中，信任是达成协议的关键因素之一。通过认真倾听，谈判者能够表现出对对方观点的尊重和重视，这有助于建立和维护信任关系。当对方感受到被倾听和理解时，他们更愿意开放地分享信息，这种开放性进一步促进了谈判的顺利进行。此外，倾听还可以减少谈判中的对抗性，使双方更倾向于合作而非竞争，从而为创造双赢局面奠定基础。

倾听不仅有助于准确理解对方的需求与期望，还能促进信息的全面交流与反馈。在谈判中，信息的不对称往往是导致误解和冲突的根源。通过有效的倾听，谈判者可以获取更多的信息，从而减少信息不对称带来的负面影响。倾听还为谈判者提供了反馈的机会，通过反馈，双方可以澄清彼此的疑虑，确保信息的准确传递。这种互动不仅提高了沟通的效率，也为双方创造了一个更为透明和开放的谈判环境。

倾听有助于减少误解与冲突的发生。在国际商务谈判中，文化差异、语言障碍以及个体差异常常导致误解和冲突。通过倾听，谈判者可以更好地理解对方的文化背景和沟通风格，从而避免因误解而产生的冲突。倾听还可以帮助谈判者识别潜在的矛盾点，并通过沟通加以解决。通过及时的倾听和反馈，谈判者可以在冲突升级之前采取措施，化解潜在的危机。这种能力在复杂的国际商务谈判中尤为重要，因为它不仅能够维护双方的合作关系，还能为谈判的成功创造有利条件。

二、倾听的基本原则

(一) 专注于对方言论的内容与情感

谈判者应全神贯注于对方所传达的信息，不仅关注其言辞的表面意义，还需洞察其背后的情感意图。通过保持眼神接触，谈判者可以传递出对对方言论的关注和重视，这不仅有助于建立信任，还能促使对方更加开放地分享信息。眼神接触在许多文化中被视为尊重和关注的象征，因此在国际商务谈判中，适当运用这一技巧可以有效拉近双方的心理距离。

同时，肢体语言在倾听过程中也扮演着重要角色。通过点头、微笑等积极的肢体语言，谈判者可以增强对方的表达信心，鼓励其进一步阐述观点。这种非语言的交流方式能够缓解紧张气氛，增加谈判的亲和力和互动性。此外，肢体语言的运用需要根据不同的文化背景进行调整，以避免误解和不适。

在倾听时，避免打断对方是尊重其表达权利的重要表现。完整地倾听对方的观点，不仅可以获取更全面的信息，还能体现对其意见的尊重。这种尊重是建立信任关系的基础，使对方感受到其观点被重视，从而更愿意进行开放和坦诚的交流。即使在对方观点与己方立场相悖时，仍应给予其充分的表达机会，以便在后续沟通中更有效地回应和处理分歧。

在对方发言后，适时总结其核心观点是确保理解准确的重要步骤。通过复述对方的主要论点，谈判者可以验证自己的理解是否准确，同时也能向对方展示己方的倾听能力和沟通诚意。这种总结不仅能促进双方的有效沟通，还能为后续的谈判奠定良好的基础，减少因误解而导致的沟通障碍。

(二) 保持开放和无偏见的心态

开放的心态意味着在谈判过程中愿意接纳不同的观点和意见，这不仅有助于更为全面地理解对方的立场和需求，也能够促进双方更深入的讨论。通过接纳多元化的观点，谈判者可以从中发现潜在的解决方案和创新的合作方式，从而推动谈判进程。此外，开放的心态还能够帮助谈判者在面对复杂的谈判情境时，灵活调整策略，以适应不断变化的谈判环境。

在谈判中，避免对对方的观点进行预先判断或评判是理解对方立场和需求的关键。预先的判断往往会导致偏见，从而阻碍有效沟通。通过抛开成见，谈判者可以更好地倾听对方的真实意图和需求，进而形成更准确的判断。这一过程不仅有助于减少误解，还能够在谈判中建立信任，增强双方的合作意愿。谈判者应当努力保持中立的态度，以便在谈判中更好地理解对方的观点和需求，从而达成更具建设性的结果。

创造一个无压力的环境，让对方能够自由表达其真实想法，是有效沟通的基础。在谈判中，鼓励对方分享信息，不仅可以增进相互理解，还能够为谈判提供更多的素材和信息，从而帮助谈判者作出更明智的决策。通过营造开放和支持的谈判氛围，谈判者可以促使对方更加愿意分享其想法和需求，这对于达成共识和解决分歧至关重要。这样的环境能够减少对方的顾虑，使其更愿意参与谈判过程。

积极寻求与对方的共同点是增强合作氛围的有效策略。在谈判中，识别和强调双方的共同利益可以帮助谈判者找到合作的基础，从而促进双方达成共识。共同点的发现不仅能够缓解谈判中的紧张局势，还能够为双方的合作提供新的契机。通过共同点的强化，谈判者可以增强双方的信任和合作意愿，为谈判的成功奠定基础。因此，谈判者应主动寻求和识别共同利益，以推动谈判的顺利进行。

（三）适时给予反馈和确认理解

在国际商务谈判中，适时给予反馈和确认理解不仅能帮助谈判者准确把握对方的核心观点，还能展示对对方意见的重视，从而建立良好的谈判氛围。在对方发言结束后，及时总结其核心观点，能够有效地确认自己的理解是否准确。这种方式不仅能避免误解，还能让对方感受到其观点得到了重视和关注。这种反馈机制在谈判中起到桥梁作用，帮助双方在信息交流中保持一致性，减少沟通障碍。

运用开放式问题是引导对方进一步阐述观点的有效手段。这种提问方式不仅能确保信息的全面性和准确性，还能展示谈判者对对方看法的关注。通过开放式问题，谈判者可以鼓励对方提供更多细节和背景信息，从而对其立场有更深入的理解。这种深入交流有助于发现潜在的利益和需求，为后续的谈判奠定基础。同时，开放式问题还能激发对方的思考，使其在表达中更加自信和清晰。

在谈判过程中，表达对对方情感的理解是增强双方情感连接的关键。通过适时表达对对方情感的理解，谈判者可以拉近与对方的心理距离，营造更加融洽的谈判氛围。这种情感上的共鸣能够缓解紧张情绪，促进双方的合作意愿。

情感理解不仅是对语言的回应，也是对对方内心感受的认可，这种认可可以在谈判中建立起信任和尊重的基础。

三、积极倾听的技巧

（一）反馈与确认

使用简洁明了的语言进行反馈，能够确保对方清楚地理解自己的观点已被正确接收，这是建立有效沟通的基础。在反馈过程中，引用对方的具体言论不仅展示了对其内容的关注和理解，还能够增强沟通的有效性。通过这种方式，谈判双方能够确保在同一信息层面上进行交流，从而避免因信息不对称而导致的误解。

反馈与确认不仅是信息的传递，也是一种互动的过程。通过提问的方式进行确认，能够鼓励对方进一步阐明其观点，这不仅深化了对话的深度，也拓宽了交流的广度。在这一过程中，谈判者需要敏锐地捕捉对方的言外之意，并通过适当的提问引导对方深入讨论。这种互动式的沟通策略不仅促进了信息的双向流动，也有助于双方在谈判中建立更为紧密的合作关系。

（二）适时提问

适时提问在国际商务谈判中扮演着重要的角色。提出开放式问题可以有效引导对方深入表达观点，鼓励他们分享更多的信息。这种提问方式不仅帮助谈判者了解对方的真实需求和动机，还能创造一个开放的交流环境，促进双方的相互理解和合作。开放式问题通常以“为什么”“如何”“能否详细说明”等开始，这种提问方式避免了简单的“是”或“否”的回答，从而使对方进行更深入的思考和表达。

在适当时机使用澄清性问题是确保对方意图和观点被准确理解的关键。澄清性问题的目的是消除误解，确保双方在同一个信息基础上进行交流。这类问题通常针对谈判中不明确或模棱两可的部分，要求对方进一步解释或具体化其观点。例如，当对方提到某个模糊的条件时，可以询问“您具体指的是哪些方面?”这种提问方式不仅能澄清事实，还能展示谈判者对对方观点的重视和尊重。

运用假设性问题探索可能的解决方案是促进双方共同思考与合作的重要技

巧。假设性问题通常以"如果……会怎样?""假设我们……是否可行?"为引导，旨在帮助双方跳出当前的思维框架，考虑更多潜在的解决方案。这种提问方式不仅能激发创造性思维，还能为谈判带来新的视角和可能性，推动谈判朝着更具建设性的方向发展。

通过反问的方式激发对方思考，促使其重新审视自身立场，是一种巧妙的谈判技巧。反问通常用于挑战对方的假设或观点，帮助他们意识到自身立场可能存在的漏洞或偏见。例如，当对方坚持某个立场时，可以通过"如果情况发生变化，您会如何应对?"来促使其反思。这种方式不仅能深化对方的思考，还能为谈判者提供更多的谈判空间和灵活性。

（三）复述与总结

复述对方观点时，使用简洁的语言以确保信息传递的清晰度和准确性，是提高沟通效率的有效方法。通过这种方式，谈判双方能够更清楚地理解彼此的立场和意图，减少误解的可能性。简洁的复述不仅节省时间，还能避免信息冗余，使沟通更为直接和高效。这种技巧在跨文化交流中尤为重要，因为不同文化背景可能导致表达方式的差异，简洁明了的复述有助于克服语言和文化障碍。

在总结时，强调关键要点是帮助双方确认已达成的共识和理解的有效策略。通过总结，谈判者可以回顾并巩固谈判中的重要信息，确保没有遗漏任何关键细节。这一过程不仅有助于明确谈判进程中的阶段性成果，还能为下一步的谈判奠定基础。强调关键要点能够帮助谈判双方聚焦于核心问题，避免因信息繁杂而偏离主题，从而提高谈判的效率。

通过复述对方的言论，展示对其观点的重视，从而增强沟通的有效性，是积极倾听的一种表现。复述不仅是对信息的确认，也是对对方观点的尊重和认可。这样的沟通方式能够建立信任，促进合作关系的发展。在国际商务谈判中，展示对对方观点的重视，可以增强双方的沟通意愿，减少冲突的发生，进而推动谈判进程的顺利进行。

在适当时机进行总结，回顾谈判进展，确保双方对谈判过程的理解一致，是谈判成功的保障。适时的总结能够帮助谈判双方厘清思路，明确下一步行动的方向。通过回顾谈判进展，双方可以识别出已解决的问题和待解决的挑战，从而调整策略以实现谈判目标。这种总结不仅是对谈判过程的梳理，也是对双方合作的承诺和责任的体现。

四、理解对方观点的方法

（一）识别对方言论中的核心观点

通过仔细聆听对方的发言，谈判者可以捕捉到其表达的主要思想和意图。这一过程不仅需要对言辞的敏锐捕捉，还要求对谈判背景和文化差异的深刻理解。谈判者应当在对方的陈述中，找出那些反复出现的主题和观点，这通常是对方最为看重的部分。通过这种方式，谈判者能够更好地调整自身的谈判策略，以便在谈判中占据有利位置。

识别对方言论中的关键词汇，以把握其主要观点和立场是另一项重要技巧。在谈判过程中，某些词汇或短语可能会频繁出现，这些词汇通常直接反映了对方的关注点和优先事项。谈判者应对这些关键词保持敏感，并对其进行深入分析，以便准确把握对方的立场。这样的分析不仅有助于理解对方的需求，还能为谈判者提供调整自身谈判策略的依据，从而在谈判中取得更有效的进展。

分析对方言论中的逻辑结构，理解其论证方式和思维过程，也是理解对方观点的有效方法。通过分析对方陈述的逻辑关系，谈判者可以识别出对方论证中的关键环节和潜在漏洞。了解对方的思维过程，可以帮助谈判者预测其可能的反应和策略，从而更好地准备应对措施。这样的分析能力不仅需要对逻辑推理的敏感性，还要求对文化背景和沟通习惯的深刻理解。

关注对方所使用的情感词汇，洞察其潜在的情感态度和需求，是理解对方观点的另一重要方面。情感词汇的使用往往能够揭示出对方在谈判中的真正关切和情感倾向。谈判者应通过对这些词汇的分析，洞察对方的情感态度和潜在需求。这种洞察能力有助于谈判者在谈判中作出更具同理心的回应，从而促进双方的理解和信任，推动谈判的顺利进行。

总结对方言论中的具体例证，帮助明确其观点的实际应用和背景，是识别对方观点的有效手段。通过对具体例证的分析，谈判者可以更好地理解对方观点的实际应用场景和背景。这不仅有助于了解对方的立场，也为谈判者提供了丰富的信息，从而在谈判策略的制定和实施中作出更为精准的判断。这样的总结能力需要具备对信息的综合分析和归纳能力。

通过对方的语气和语调变化，判断其观点的强烈程度和重要性，是理解对方观点的最后一步。语气和语调的变化往往能够反映出对方对某一观点的重视程度和情感投入。谈判者应通过对这些变化的细致观察，判断对方观点的强烈程度和重要性。这种判断能力有助于谈判者在谈判中抓住关键问题，集中资源和精力进行突破，从而提高谈判的效率。

（二）区别信息中的明示与暗示内容

明示内容通常是直接表达的观点或信息，易于理解和接受。这种信息通常通过明确的语言表达，能够迅速传达给对方，减少误解的可能。然而，国际商务谈判往往不只是表面的交流，隐藏在明示内容背后的暗示信息同样需要引起重视。这些暗示信息通过隐含的方式传递，要求谈判者具备敏锐的洞察力和分析能力，才能真正理解其含义。

暗示内容在国际商务谈判中常常以双关语或隐喻的形式出现。这些语言技巧可能是对方用来表达真实意图的关键，因此，谈判者需要特别注意对方的言辞中是否存在这些元素。识别和解读这些暗示内容需要经验和技巧，因为它们并不总是显而易见的。谈判者必须在对话中保持警觉，善于从对方的话语中捕捉潜在的意图，识别出那些未被直接表达的观点和态度。

除语言本身外，非语言信号也是理解暗示内容的重要途径。对方的肢体语言、面部表情、语调变化等都可能传递出重要的信息。例如，一个微笑可能意味着友好和同意，但在不同的文化背景下，也可能表示讽刺或不满。因此，谈判者不仅需要关注对方说了什么，还要注意对方的身体动作和面部表情如何与其言辞相匹配。通过对这些非语言信号的分析，谈判者可以更全面地把握对方的真实意图。

（三）分析对方观点的逻辑和情感基础

分析对方观点的逻辑基础时，首先需要关注其论证结构，以评估其逻辑严密性和合理性。这一过程要求谈判者具备敏锐的分析能力，能够识别论证中的前提、结论以及推理过程中的潜在漏洞。通过这种细致的分析，谈判者可以更好地理解对方的立场，并在谈判中给出更具针对性的回应。此外，逻辑分析还可以帮助谈判者识别对方论点中的假设和隐含前提，从而为进一步的谈判奠定基础。

理解对方观点的情感基础同样重要，因为情感往往是推动谈判进程的隐性力量。谈判者可以通过识别对方言辞中的情感色彩来洞察其真实需求和期望。

例如，在谈判时对方语气中的焦虑、愤怒或期待可能反映其背后的利益诉求或对某一结果的强烈渴望。通过这种情感分析，谈判者能够更好地调整自己的沟通策略，以便在情感层面与对方建立更深的联系，从而促进谈判的顺利进行。

对方所表达的观点往往受到其个人经历和背景的深刻影响。分析这些因素有助于理解其立场的根源。个人经历可能塑造了一个人的价值观、信念和偏好，从而影响其在谈判中的表现和决策。因此，谈判者在分析对方观点时，需考虑对方的职业背景、文化背景以及以往的谈判经验。这种背景分析不仅有助于识别对方观点中可能存在的偏见和误解，还能帮助谈判者预测对方在特定情境下可能作出的反应和行为。

第二节　提问与回答策略

一、提问技巧的类型与应用

（一）开放式提问与引导策略

开放式提问是一种不限制回答者的思维和表达方式的问题形式，其定义是指那些不能以简单的“是”或“否”回答的问题。此类问题的特点在于其灵活性和广泛性，能够激发对方的思考和创造性回答。通过开放式提问，谈判者可以获得更全面的信息，并鼓励对方提供更详细的背景和见解，这对于建立信任关系至关重要。在谈判过程中，信任关系的建立有助于双方更好地理解彼此的立场和需求，从而在谈判中找到共同利益和解决方案。

引导策略在引出关键信息中的应用也是谈判中不可或缺的一部分。通过巧妙地设计问题，谈判者可以引导对方逐步揭示其真实意图和底线。这种策略不仅有助于掌握谈判的主动权，还能有效避免谈判陷入僵局。开放式提问通过引导策略的配合，能够帮助谈判者在复杂的谈判情境中挖掘出对方的真实需求和期望，从而为后续的谈判策略制定提供有力的信息支持。

开放式提问在促进深入讨论方面具有显著的效果。在国际商务谈判中，深入的讨论往往能够揭示隐藏的机会和潜在的合作领域。通过开放式提问，谈判者可以引导对方深入探讨某个话题，从而发现彼此之间的共同点和差异。这种深入的互动不仅有助于增进双方的理解和信任，还能为谈判的成功奠定基础。

此外，开放式提问能够激发创造性的思维，使谈判各方在讨论中提出创新的解决方案，从而取得双赢的结果。

（二）封闭式提问的精准应用

封闭式提问通过要求对方给予明确的“是”或“否”回答，能够迅速聚焦于特定问题，避免信息的模糊和不确定性。封闭式提问常用于需要快速明确某一具体事实或确认某一关键事项的场合。其精准性有助于谈判者在较短时间内掌握对方的真实意图和立场，从而为后续谈判策略的制定提供坚实的基础。

封闭式提问的定义及其在谈判中的重要性不容忽视。封闭式提问是一种限制回答范围的询问方式，其目的是通过简明的问答形式获取具体的、可操作的信息。这种提问方式在谈判中非常重要，因为它能够帮助谈判者在复杂的谈判环境中迅速锁定关键问题，避免信息的冗长和不必要的分歧。通过封闭式提问，谈判者可以有效减少沟通误解，提高谈判效率，确保谈判进程的顺利推进。

如何通过封闭式提问快速获取具体信息是谈判者必须掌握的技巧。在谈判过程中，快速获取对方的具体信息至关重要，封闭式提问因其简洁明了的特点成为实现这一目标的有效工具。谈判者可以通过设计巧妙的封闭式问题，引导对方提供必要的信息。例如，通过询问“您是否同意这个价格?”可以直接获得对方对价格的态度，从而为谈判的下一步奠定基础。这种技巧不仅节省时间，还能提高谈判的针对性和有效性。

封闭式提问在确认对方观点和立场中的应用尤为显著。在谈判中，明确对方的观点和立场是至关重要的步骤。通过封闭式提问，谈判者可以直接确认对方是否支持某一提议或反对某一条件。这种直接的确认方式能够迅速消除不确定性，为谈判双方提供清晰的立场界定。例如，询问“您是否认为这个方案可行?”可以明确对方对方案的态度，帮助谈判者更好地调整谈判策略。

利用封闭式提问控制谈判节奏和方向是一种策略性应用。在谈判中，掌握谈判的节奏和方向是谈判者实现目标的关键。封闭式提问通过引导对方作出明确回答，可以有效控制谈判的进程。例如，通过一系列封闭式提问，谈判者可以逐步引导对方走向预期的谈判结果。这种控制不仅体现在谈判节奏上，还体现在对谈判内容的引导上，使谈判者能够在复杂的谈判环境中保持主动权。

（三）情境性提问的灵活运用

通过对谈判情境的准确把握，谈判者能够提出更具针对性的问题，从而引导谈判朝着有利于己方的方向发展。情境性提问要求谈判者具备敏锐的洞察力和快速反应能力，以便在瞬息万变的谈判环境中迅速调整策略。情境性提问不仅能够帮助谈判者获取更多信息，还可以通过巧妙的提问方式影响对方的思维和决策，从而为谈判赢得主动权。

情境性提问是指根据具体的谈判情境和对方的反应，灵活调整提问的内容和方式，以达到特定的谈判目的。这种提问方式的重要性在于它能够帮助谈判者更好地理解对方的立场、需求和期望。通过情境性提问，谈判者可以引导对方披露更多信息，从而为制定更加精准的谈判策略提供依据。此外，这种提问方式还能够有效地缓解谈判中的紧张气氛，促进双方的沟通与理解。

在谈判过程中，情境性提问的灵活运用要求谈判者根据谈判进程的变化，及时调整提问的内容和方式。谈判者需要在谈判前期通过开放性问题了解对方的基本信息和立场，而在谈判中期则可以通过情境性提问进一步探查对方的真实需求和底线。在谈判后期，谈判者则应通过封闭性问题确认双方的共识和协议细节。通过这种灵活调整，谈判者能够在谈判的不同阶段有效地引导谈判进程。

识别对方的需求与期望是谈判成功的关键，而情境性提问在这一过程中发挥着重要作用。通过精心设计的问题，谈判者能够引导对方表达其真实的需求和期望，从而为谈判策略的制定提供重要参考。情境性提问不仅能够帮助谈判者获取更多的信息，还可以通过提问的方式影响对方的思维，促使对方在谈判中更为开放和坦诚。这种策略在谈判中尤为重要，因为它能够帮助谈判者更好地理解对方，并为达成共识创造条件。

二、提问技巧与注意事项

(一) 适时、适量、适度的提问

适时、适量、适度的提问能够有效推动谈判进程。提问的时机选择至关重要，谈判者需要在适当的时刻提出问题，以引导谈判顺利进行。时机的把握不仅涉及对谈判进程的理解，还需要对谈判对手心理状态的敏锐观察。通过选择恰当的时机提问，可以有效引导对方的思维方向，促使其提供有价值的信息，从而为谈判策略的调整提供依据。

提问的数量控制同样不可忽视。在谈判过程中，过多的提问可能会导致对方疲惫或产生反感情绪，进而影响谈判的积极氛围。谈判者在提问时既要充分获取信息，又要避免给对方造成压力。适量的提问有助于维持谈判的节奏，使双方在轻松愉快的氛围中进行沟通，从而提高谈判的效率。

提问方式的调整是提高沟通有效性的重要手段。谈判者需要根据对方的反应灵活调整提问方式，以便更好地获取所需信息。在面对不同文化背景和沟通习惯的谈判对手时，灵活的提问方式能够帮助谈判者跨越文化差异，建立起有效的沟通桥梁。通过调整提问方式，谈判者可以更好地适应谈判环境的变化，及时调整策略以应对不同的谈判情境。

提问内容的针对性是确保信息获取效率的关键。谈判者在提问时，必须确保提问内容与谈判主题紧密相关。针对性的提问能够帮助谈判者迅速获取与谈判目标相关的信息，避免无关内容的干扰。通过精确的提问，谈判者可以引导对方提供更加具体和详细的信息，从而为谈判策略的制定和调整奠定坚实的基础。这种针对性的提问不仅提高了信息获取的效率，也增强了谈判者在谈判中的主动性和掌控力。

（二）避免引导性或攻击性提问

引导性或攻击性提问常常带有预设立场，可能导致信息偏差，从而影响谈判的客观性。为了确保双方能够自由表达真实想法，谈判者应避免使用此类问题。引导性提问通常暗示某种答案，这不仅可能限制对方的思维，还可能使其感到不被尊重。相反，使用中立的问题有助于创造一个开放的交流环境，使得双方能够坦诚地交换意见，进而推动谈判的顺利进行。

攻击性提问往往会激发对方的防御心理，进而降低沟通的有效性。在谈判中，任何形式的攻击性语言都可能被视为对对方立场的挑战，这会导致紧张局势升级，甚至可能破坏谈判的良好氛围。因此，谈判者应采用更为中立和尊重的提问方式。通过展示理解和尊重，对方更有可能保持开放的态度，愿意分享更多的信息，从而提高沟通的效率。

在提问的过程中，关注对方的情绪和反应是至关重要的。尤其在谈判进入紧张时刻时，提出可能引发争议的问题会加剧紧张局势，甚至导致谈判的破裂。因此，谈判者应谨慎选择提问时机和方式，确保在任何情况下都能维持谈判的平和气氛。通过对对方情绪的敏锐观察，谈判者可以调整自己的提问策略，选择更为适合的沟通方式，以防止谈判局势的恶化。

三、回答策略的制定与实施

（一）直接回答策略

在国际商务谈判中，直接回答策略的核心在于简明扼要地传达信息，确保沟通的高效性。直接回答应避免冗长的解释，这不仅能节省时间，还能防止信息传递过程中出现误解。通过直接而清晰的回答，谈判双方能够迅速抓住要点，减少不必要的沟通障碍，从而提高谈判的效率。在此过程中，谈判者需要具备良好的语言表达能力和逻辑思维能力，以确保信息的准确传达。

在实施直接回答策略时，适当使用数据和事实来支持观点是增强回答说服力和可信度的有效方法。数据和事实作为客观的证据，可以有效地削弱对方的质疑，增加谈判者的可信度。通过引用可靠的数据来源和具体的事实，谈判者可以使自己的观点更加有力，从而在谈判中占据优势地位。这种策略不仅能够增强谈判者的立场，还能促使对方更容易接受所传达的信息，从而推动谈判的顺利进行。

此外，根据对方的提问风格和语气调整回答方式也是直接回答策略中的重要组成部分。不同的提问风格和语气反映了对方的沟通需求和情感状态，谈判者需要敏锐地察觉这些细微之处，以便作出适当的回应。通过灵活调整回答的语气和方式，谈判者能够更好地适应对方的沟通风格，建立更为融洽的谈判氛围。这种灵活性不仅能够增强谈判的沟通效果，还能增强双方的理解与信任。

（二）间接回答策略

间接回答策略的定义在于通过间接的方式回应问题，从而在复杂的谈判环境中保持灵活性。这种策略强调在面对多变的谈判情境时，避免直接对抗，而是选择一种更为柔和的回应方式，以适应多元文化背景下的交流需求。间接回答不仅能够有效地避免正面冲突，还能在谈判中为己方争取更多的思考时间和空间，从而更好地制定后续谈判策略。

在谈判过程中，间接回答策略的一个显著优势在于其能够引导对方进行深层次的思考。通过间接的回应方式，谈判者可以巧妙地鼓励对方自主探索问题的本质和潜在含义。这种策略不仅促进了双方对议题的深入理解，也有助于达成共识。通过引导对方思考，谈判者能够在不显山露水的情况下，推动谈判进程朝向更有利于己方的方向发展，从而在谈判中占据主动地位。

间接回答策略尤其适用于涉及敏感话题或潜在冲突的谈判场景。在这些情况下，直接回答可能会导致对方的防御心理增强，导致谈判氛围紧张。通过间接回答，谈判者能够有效减少对方的防御情绪，维护谈判的和谐氛围。这种策略在处理跨文化谈判时尤为重要，因为不同文化背景下的人对直接和间接沟通方式的接受度差异较大，因此，灵活运用间接回答策略能够更好地适应对方的文化习惯。

在实施间接回答策略时，适当地运用比喻或类比可以增强回答的吸引力和深度。比喻和类比不仅能够帮助对方更好地理解复杂的信息，还能使谈判者的回答显得更加生动有趣。通过这种方式，谈判者可以在不直接给出答案的情况下，引导对方思考并得出结论。这种技巧的运用，不仅提升了谈判的互动性，还能在潜移默化中影响对方的决策过程，从而实现谈判的预期目标。

（三）回避性回答策略

回避性回答策略的定义在于通过巧妙规避直接回答，以保护谈判者的自身利益和谈判地位。这种策略适用于谈判中对方提出可能影响己方立场或涉及商业机密的问题时。通过回避性回答，谈判者可以有效避免正面冲突，同时为自己争取更多的思考时间和策略调整空间，从而在谈判中保持主动权。

在具体实施回避性回答策略时，谈判者可以借助模糊语言或宽泛表述来减轻对方的压力，并维持谈判的友好气氛。例如，使用“这需要进一步讨论”或“我们会考虑您的建议”等语言，可以避免直接回答而不至于引发对方的不满。这种技巧不仅能保护己方利益，还能为谈判创造一个更加开放和合作的氛围，使双方能够在相对和谐的环境中继续进行沟通。

此外，谈判者还可以在回避性回答中适当运用转移话题的方法，引导对方关注其他相关领域，从而避免深入讨论敏感问题。这种方法要求谈判者具备敏锐的洞察力和灵活的应对能力，以便在对方提出不利于己的问题时，迅速找到一个合适的话题进行转移。例如，可以将话题引导至双方共同利益或未来合作的可能性上，以此来缓解紧张局势并保持谈判的积极进展。

（四）反问式回答策略

反问式回答策略不仅是一种回答方式，更是一种策略，通过巧妙的反问，可以引导对方深入思考其所提出问题的本质。反问的核心在于通过提问来促使对方重新审视其立场和观点，从而在谈判中创造更加开放的对话环境。这种方法尤其适用于复杂谈判场景，使得谈判双方能够在更深层次上进行交流与理解。通过反问，谈判者可以巧妙地引导对话的方向，避免直接对抗，从而为谈判的顺利推进创造条件。

在澄清对方意图的过程中，反问式回答策略发挥着独特的作用。通过反问，谈判者可以对对方的需求和期望进行更为准确的确认。这种方法不仅有助于识别对方的真实意图，还能够在谈判中提高针对性和有效性。例如，当对方提出某种要求时，谈判者可以通过反问的方式，来探寻其背后的动机和期望。策略性地运用反问，不仅可以帮助谈判者更好地理解对方的立场，还能够在谈判中占据主动地位，从而更有效地实现谈判目标。

反问式回答策略还具有激发对方参与感的功能。通过反问，谈判者能够增强谈判过程的互动性，使得双方在交流中更加活跃和富有建设性。反问的技巧在于其能够引发对方的思考和回应，促使对方在谈判中更加投入和积极参与。这种互动不仅有助于增进双方的理解，还能够在谈判中建立更加紧密的合作关系。通过激发参与感，谈判过程变得更加动态，进而有助于创造一个良好的谈判氛围。

反问式回答的策略性运用在于其时机的把握和适度的使用。谈判者需要在适当的时机使用反问，以引导谈判的方向，掌控谈判的节奏和氛围。反问不仅是一种技巧，也是一种艺术，要求谈判者具备敏锐的判断力和灵活的应变能力。通过适时的反问，谈判者可以在谈判中引领对话的进程，避免陷入被动局面。这种策略的运用不仅有助于实现谈判目标，还能够在谈判中树立专业、自信的形象。

四、提问与回答中的心理博弈

（一）识别谈判对手意图的心理策略

通过观察对方的非语言信号，如肢体语言和面部表情，可以获取其真实意图和情绪变化的信息。例如，当对方在谈判过程中表现出紧张或不安的肢体动作时，可能意味着其对某一议题持有保留态度或隐藏的顾虑。面部表情的微妙变化（如皱眉或微笑）也能揭示对方的情感状态和对谈判内容的反应。这些非语言信号往往比口头表达更为真实，因而在谈判中对其进行细致的观察和分析，有助于谈判者更准确地把握对方的心理动向。

分析对方的语言选择和语气是识别其立场和期望的另一种有效策略。言辞中的细微差别，如用词的强弱、语调的高低等，可能暗示对方对某一议题的重视程度和立场的坚定性。通过对这些语言特征的细致分析，谈判者可以推测对方在谈判中的底线和妥协空间。此外，语气的变化也能反映对方在谈判中情绪的波动和态度的转变，从而为谈判策略的调整提供参考依据。

注意对方在谈判过程中的反应和态度变化，对于评估其对特定问题的敏感度和关注点也极为重要。对方在某一话题上的态度转变，可能表明其对该话题的关注度或敏感性增加。通过观察这些变化，谈判者可以识别出对方在谈判中真正关心的议题，从而在谈判策略中有所侧重。这样的观察不仅有助于理解对方的需求和期望，还能为谈判者在关键时刻的策略调整提供有力支持。

利用对方提出问题的方式和内容，可以推测其关注的核心利益和潜在需求。在国际商务谈判中，对方的问题往往不仅是信息的获取手段，还可能是其核心利益的间接表达。通过对这些问题的深入分析，谈判者可以揭示对方在谈判中的真实需求和期望，从而更有效地制定谈判策略。这样的策略不仅能增强谈判的针对性，还能提高谈判的成功率。

（二）巧用心理暗示增强谈判影响

在国际商务谈判中，巧妙运用心理暗示策略的核心在于通过细微的心理暗示，潜移默化地影响对方的思维和决策过程。利用积极暗示可以有效增强对方的信心，鼓励其积极参与谈判，从而增强互动效果。例如，在谈判过程中，谈判者可以通过语言和非语言的暗示，传达出对方在谈判中所扮演的重要角色，进而激发其参与的积极性和主动性。这种方式不仅能够提高对方的自我认同感，还能够为谈判创造一个更加开放和合作的氛围。

通过潜在的语言暗示，可以塑造对方对某一提议的积极印象，促使其更容易接受。这种策略的有效运用需要谈判者对语言的精妙掌控，能够在不直接表达的情况下，暗示出某一提议的潜在优势和好处。例如，在谈判中，谈判者可以通过强调某一提议的成功案例或积极影响，来引导对方对该提议产生积极的联想和期待。这样的语言暗示不仅能够降低对方的防御心理，还能够在无形中增加提议的吸引力，使对方更倾向于接受。

运用情感化的表达方式可以激发对方的情感共鸣，从而增强谈判的亲和力。

在商务谈判中，情感共鸣是建立信任和合作关系的重要因素。通过情感化的语言和表达方式，谈判者可以在谈判中创造出一种亲切和温暖的氛围，使对方感受到被理解和尊重。这种情感上的共鸣不仅能够拉近谈判双方的心理距离，还能够为谈判的顺利进行奠定良好的基础。

通过暗示未来的合作成果，可以激励对方考虑长期利益，促进共识的达成。在谈判中，谈判者可以通过描绘未来合作的美好前景，来激励对方关注长远的利益和合作的潜力。这种方式能够有效地引导对方从短期利益的考量中跳脱出来，进而更加关注合作的长期价值和意义。通过这种方式，谈判者不仅能够增强谈判的吸引力，还能够为双方的合作奠定更加坚实的基础。

（三）反应性谈话的心理节奏把握

在国际商务谈判中，反应性谈话的心理节奏把握是一种至关重要的策略。谈判者需要敏锐地识别谈话节奏中的停顿与间歇，利用这些时机进行情感共鸣或信息补充，以增强谈判的互动性。这种策略不仅能够有效填补沟通中的空白，还能让谈判更加流畅自然。通过在适当的时机加入情感共鸣，谈判者可以拉近与对方的心理距离，建立更为稳固的合作基础。此外，信息补充的时机选择也尤为关键，它能够让对方更全面地理解谈判内容，从而提高谈判的效率。

为了确保沟通的顺畅，谈判者还需要根据对方的语速和语调调整自己的表达方式，确保双方的沟通保持一致的节奏。这种策略不仅有助于提高理解和信任，还能避免因节奏不一致而导致的误解或冲突。在谈判中，双方的语速和语调往往反映出各自的心理状态和情绪，因此，敏锐地捕捉这些细微的变化，调整自己的表达方式，能够在无形中增加谈判的成功概率。

在谈判中灵活运用短句和明确的表述，能够帮助对方更容易消化信息，进而提高谈判的效率。长句和复杂的表述往往会增加对方的理解负担，尤其是在语言和文化差异较大的国际商务谈判中，这种负担可能会阻碍谈判的进程。因此，简洁明了的表达不仅能够减少误解，还能使信息传达更加精准，确保双方都能在同一信息平台上进行沟通。

关注对方在谈话中的反应速度，通过适时的回应与提出问题调整谈话方向，是保持谈判动态平衡的重要策略。在谈判过程中，对方的反应速度常常反映出其对信息的接受程度和理解程度。通过观察这些反应，谈判者可以判断对方的心理状态，并据此调整谈话的方向和节奏，以确保谈判的持续推进。同时，适时的回应和提出问题也能激发对方的兴趣和参与感，使谈判更加活跃。

利用积极的非语言沟通，如眼神接触和肢体语言，来增强谈话的节奏感，促进双方的情感连接和理解。这些非语言信号在谈判中起着不可或缺的作用，它们能够传达出谈判者的诚意和信任，弥补语言沟通的不足。通过与对方保持良好的眼神接触和适当的肢体语言，谈判者可以营造出一种和谐的沟通氛围，增强谈判的亲和力和说服力。

第三节 非语言沟通的运用

一、面部表情在谈判中的作用

（一）表情识别与解读

面部表情在谈判中的情感传达功能，能够帮助谈判者识别对方的真实情感状态，增强沟通的有效性。通过观察对方的表情变化，谈判者可以获取对方未曾言明的情感线索，从而更准确地理解对方的立场和态度。例如，当对方展现出微笑或皱眉等表情时，谈判者可以判断出对方的情绪状态，并据此调整自己的沟通策略。这种识别能力不仅依赖对表情的观察，还需要结合对方的言语内容进行综合分析，以便作出适当的回应。

在国际商务谈判中，不同文化背景下的面部表情解读差异，强调了理解对方文化习惯的重要性。不同国家和地区的人们对面部表情的理解和表达方式可能存在显著差异。在某些文化中，微笑可能被视为礼貌和友好的标志，而在其他文化中，微笑可能被解读为不真诚或不严肃。因此，谈判者在解读对方表情时，必须考虑其文化背景，以避免误解和沟通障碍。通过对不同文化的深入了解，谈判者可以更好地解读对方的非语言信号，从而提高谈判的成功率。

面部表情的微妙变化可能反映出对方的潜在态度和情绪，帮助谈判者及时调整策略以适应对方的情绪。在谈判过程中，细微的面部表情变化，如轻微的皱眉或短暂的眼神接触，可能暗示对方对某一提议的潜在不满或犹豫。谈判者需要敏锐地捕捉这些细节，以便迅速调整自己的策略，或是通过提问来澄清对方的立场，或是通过修改提案来迎合对方的期望。这种灵活的应对能力，可以在谈判中建立更有效的沟通渠道，促进双方达成共识。

通过观察对方的面部表情，谈判者可以判断对方对提案的接受程度，从而优化沟通策略。面部表情不仅是情感的外在表现，也是谈判者判断对方态度的重要依据。通过对对方表情的细致观察，谈判者可以推测对方对当前谈判进程的满意度以及对提案的接受程度。这一信息对于谈判策略的调整至关重要，可以帮助谈判者在适当时机提出妥协或坚持己见，以便在谈判中占据有利位置。

（二）情绪表达与控制

在谈判过程中，情绪表达不仅能够影响对方的情感反应，还能在很大程度上左右其决策过程。通过适当的情绪表达，谈判者有机会促进更有效的沟通，从而在谈判中赢得优势。特别是在跨文化谈判中，情绪表达需要更加谨慎，以避免文化误解和冲突。情绪表达的准确性与适度性决定了谈判的走向和结果，因而需要谈判者具备高超的情绪管理能力。

通过有效的情绪控制，谈判者可以减少自身情绪对谈判进程的负面影响。这不仅有助于保持专业形象，还能为谈判营造一个理性和建设性的氛围。在面对紧张或对抗性的谈判情境时，情绪控制显得尤为关键。谈判者需要通过深呼吸、暂停等方式来调节自己的情绪反应，以确保在谈判桌上能够作出冷静而理智的决策。情绪控制的能力不仅体现在对负面情绪的管理上，也包括对积极情绪的适时展现。

情绪表达的巧妙运用能够增强谈判者的说服力。适时展现积极情绪（如微笑或点头）可以激发对方的参与感和合作意愿，进而推动谈判进程。积极情绪的传递有助于建立信任和亲和力，使对方更愿意倾听和接受谈判者的观点。在谈判中，情绪不仅是一种内在体验，也是一种影响他人的外在表现。通过情绪表达的艺术，谈判者可以有效地影响谈判气氛和结果。

二、手势与身体语言的影响

（一）手势的种类与含义

手势的基本分类包括开放性手势、封闭性手势、强调性手势和指示性手势，每一种手势都有其独特的表达目的和情感传达方式。在谈判过程中，正确理解和运用这些手势，不仅可以帮助谈判者更好地传达信息，还能在一定程度上影响谈判的结果。

第一，开放性手势。开放性手势通常用于传达友好和接纳的态度。在国际商务谈判中，使用开放性手势能够增强与对方的信任感，促进积极的沟通氛围。例如，摊开双手表示诚恳和透明，这种手势可以有效地缓解谈判中的紧张情绪，使对方感受到被尊重和理解，从而为谈判的顺利进行奠定基础。开放性手势在跨文化沟通中尤为重要，因为它们可以超越语言障碍，直接影响对方的情感和态度。

第二，封闭性手势。封闭性手势则可能暗示对方的防御心理或不满情绪。在谈判中，如果一方使用诸如交叉双臂、握拳等封闭性手势，可能意味着对当前谈判内容的不满或对对方提议的抵触。了解这些手势的含义有助于谈判者及时调整策略，以避免冲突的升级。通过观察对方的肢体语言，谈判者可以更敏锐地捕捉到潜在的情绪变化，从而在谈判中采取更为灵活的应对措施。

第三，强调性手势。强调性手势通过增加强语气和肢体动作的力度，能够有效吸引对方的注意力，增强信息传递的效果。例如，在陈述重要观点时，适度地使用手势可以增加表达的力度，使对方更容易理解和记住所传达的信息。强调性手势不仅可以增强语言的说服力，还可以在谈判中起到引导和控制局势的作用。谈判者需要根据谈判的具体情境，灵活运用强调性手势，以达到最佳的沟通效果。

第四，指示性手势。指示性手势通常用于引导对方的注意力或指明某个特定的方向。在国际商务谈判中，指示性手势可以帮助谈判者更清晰地表达自己的意图和期望。例如，指向某个文件或图表可以引导对方关注谈判中某个重要的细节，从而提高沟通的效率和准确性。掌握指示性手势的使用技巧，可以使谈判者在复杂的谈判环境中保持信息传递的清晰和流畅。通过合理地运用指示性手势，谈判者可以在不知不觉中影响对方的决策和判断。

（二）身体姿态与态度传达

谈判者的身体姿态不仅是肢体语言的表现，也是内在态度的外在化。研究表明，身体姿态的开放性与自信表现，能够显著增强谈判者的权威感。这种权威感不仅让谈判者在谈判桌上占据有利位置，还能提升对方的信任与合作意愿。一个开放的身体姿态，诸如挺直的背部、自然的手势，以及面向对方的身体方向，都有助于传达出一种积极和自信的态度。这样的姿态让对方感受到诚意和尊重，从而更愿意在谈判中达成共识。

坐姿和站姿的选择对谈判氛围的影响同样不可忽视。适当的身体姿态能够传达出对谈判的重视与对对方的尊重，进而促进更积极的沟通。在正式的谈判场合，坐姿通常被认为是谈判者态度的直接反映。一个笔直而放松的坐姿能够传达出一种专注和开放的态度，而过于随意或过于紧张的坐姿则可能被误解为不尊重或不自信。同样地，站姿的选择在非正式的交流中也至关重要，适当的站姿能够拉近与对方的距离，创造一种更加轻松和友好的谈判环境。

三、语速语调的运用技巧

（一）语速与谈判节奏

语速不仅影响信息的传递效率，还直接关系到谈判的整体节奏。谈判双方的理解能力会受到语速的显著影响，过快的语速可能会导致信息传递不清晰，使对方难以跟上谈话的进程，从而影响沟通效果。相反，过慢的语速可能会使对方失去兴趣，甚至产生倦怠感。因此，谈判者需要根据谈判的具体情境和对方的反应，灵活调整语速，以确保信息的有效传递和对方的持续关注。

在谈判过程中，语速的调整不仅有助于信息的清晰传达，还可以有效地控制谈判的节奏。在关键时刻，适当加快语速可以帮助谈判双方集中注意力，快速达成共识或解决争议。而在需要缓和气氛或给予对方思考空间时，放慢语速则能够营造轻松的谈判环境，促进双方的开放交流。这种节奏的把控需要谈判者具备敏锐的观察力和灵活的应变能力，以便在不同的谈判阶段作出恰当的调整。

语速的变化不仅是一种策略，也是谈判者情绪状态的反映。适当的语速调整能够传达出谈判者的自信与从容，增强对方的信任感和安全感。自信的语速往往能够给对方留下专业、可靠的印象，从而提高谈判的成功率。与此同时，谈判者还需要注意语速的变化可能带来的误解，确保在传递自信的同时，不影响信息的准确性和清晰度。

在国际商务谈判中，文化背景的差异对语速的接受度也有着重要影响。不同文化对语速的偏好和容忍度各不相同，谈判者需要敏锐地捕捉对方的反应，灵活调整自己的语速，以促进顺畅的跨文化沟通。通过对文化差异的深刻理解和灵活应对，谈判者可以在谈判中更好地实现沟通目标，达成互惠互利的合作。

通过对语速的控制，谈判者不仅可以有效引导对方的思考，还能促使其更深入地理解谈判内容和核心议题。语速的变化可以帮助谈判者在谈判中占据主动地位，引导谈判的方向和进程。同时，适当的语速调整也能激发对方的思考，使其更全面地考虑谈判的各个方面，从而为达成共识奠定基础。这种通过语速调控实现的引导技巧，是谈判者在复杂谈判环境中获取优势的有力工具。

（二）语调变化与情感表达

语调的高低变化能够传达不同的情感状态，例如，高音调常用于表达兴奋或紧张，而低音调则通常传达冷静或严肃的情感。这种变化不仅是声音的调整，也是一种情感的传递方式，使得谈判者能够在不言自明的情况下，传达出内心的真实感受和态度。通过对语调的细致把握，谈判者可以在不改变语言内容的情况下，改变信息的情感色彩，从而影响对方的情绪和反应。

在谈判过程中，语调的变化具有突出的作用，可以有效地突出关键信息，使对方更容易关注并理解核心观点。语调的变化能够引导对话的节奏和方向，使得谈判者在关键时刻通过语调的变化吸引对方的注意力。这种技巧不仅有助于信息的有效传递，还能在无形中增强谈判者的说服力。通过适当的语调变化，谈判者可以在复杂的谈判情境中，精准地传达出自己的意图和立场，进而影响谈判的结果。

此外，适当的语调变化可以帮助缓解谈判中的紧张氛围，创造更加轻松的交流环境，促进双方的开放性。当谈判进入僵局或气氛紧张时，谈判者可以通过调节语调，使对话重新回到积极和建设性的轨道上。轻松的语调可以缓和紧张情绪，鼓励对方表达真实的想法和感受，从而为问题的解决提供更多的可能性。这种技巧不仅需要谈判者对自身情绪的良好控制，还要求其对对方情绪的敏锐感知。

语调的变化还能够反映出谈判者的自信程度，坚定而有力的语调往往能够增强对方的信任感。在商务谈判中，自信的语调可以传达出谈判者对自身立场的坚定和对谈判结果的信心，使对方在潜意识中对谈判者的观点产生认同。同时，自信的语调也能够营造出一种积极的谈判氛围，激励双方共同朝着达成共识的目标努力。

四、个人空间与距离的管理

（一）空间距离的类型

在国际商务谈判中，空间距离的类型大致可以分为四种：亲密距离、个人距离、社交距离和公众距离。每种距离类型在谈判中都有其独特的作用和意义。亲密距离通常用于私人场合，而在国际商务谈判中，常见的是个人距离和社交距离。个人距离适用于与对方有一定熟悉程度的场合，而社交距离则更为正式和常规。公众距离多用于演讲或大型会议场合。在谈判中，选择合适的空间距离类型能够有效传达谈判者的意图和态度，影响谈判的氛围和结果。

个人空间的定义及其在谈判中的重要性，尤其是在国际商务谈判中，显得尤为关键。个人空间是指个体在与他人互动时所需要的心理和物理上的舒适区域。在谈判中，适当的空间距离能够传达尊重与信任，避免因距离不当而引发的误解或不适感。尊重对方的个人空间不仅是礼仪的体现，也是对文化差异的敏感和尊重。不同文化背景的人对个人空间的感知不同，因此在国际谈判中，理解并尊重对方的空间需求是成功沟通的基础。

近距离交流的特点在于能够增强亲密感和互动性，通常适用于信任关系较强的谈判。在这种距离下，谈判双方能够更直接地感受到彼此的情感和态度，促进更深入的交流和理解。这种距离适合用于需要建立或加深信任关系的场合。然而，在选择近距离交流时，也需要谨慎，以避免给对方造成压迫感或不适感，特别是在对方文化背景与己方差异较大的情况下。

中距离交流在商务谈判中的应用较为广泛，适用于正式场合。它能够保持专业性与礼貌，同时促进信息的有效传递。在这种距离下，谈判双方能够清晰地进行视线交流和语言沟通，而不至于过于亲密或疏远。中距离交流是一种平衡的选择，既能保持适度的互动，又能避免过多的情感干扰，是商务谈判中最常用的距离类型之一。

远距离交流的适用场景通常是初次见面或不熟悉的谈判对象。在这种情况下，保持一定的距离能够避免过于亲密带来的不适感，给对方留下专业和得体的印象。远距离交流适用于需要保持正式和谨慎的谈判场合，特别是在不确定对方文化习惯的情况下，是一种安全的选择。通过远距离交流，谈判者能够在不失礼的情况下，逐步了解对方的反应和偏好，为后续交流奠定基础。

（二）文化背景与空间感知

文化背景对于个人空间的感知具有深远的影响，这种感知不仅反映在日常生活中，更直接影响到国际商务谈判的进程和结果。不同文化对个人空间的定义差异，使得谈判者在交流时的舒适度和信任感受到影响。在某些文化中，例如拉丁美洲和中东地区，较近的身体距离被视为友好和亲密的表现。然而，在北美和北欧文化中，这种距离可能被认为是侵扰和不尊重。因此，谈判者需要具备敏锐的文化意识，理解不同文化背景下的空间感知差异。这种理解不仅能帮助谈判者调整自己的行为，还能有效避免误解和潜在的冲突。

在国际商务谈判中，适当的空间管理是沟通策略的重要组成部分。通过对文化背景下的空间感知差异的深入了解，谈判者可以灵活调整自己的空间距离，以增强双方的互动效果。适当的空间管理能够促进更高效的沟通，提高谈判的成功率。例如，在与习惯于较大个人空间的谈判对象交流时，保持适当的距离能够传递出尊重和理解的信号，从而建立良好的谈判氛围和信任关系。这种能力是国际商务谈判者必须具备的基本素养之一。

谈判者在进行跨文化交流时，需要根据对方的文化背景灵活调整自己的空间距离，以建立良好的谈判氛围和信任关系。了解并尊重对方文化中的空间感知习惯，不仅有助于减少文化冲突，还能在谈判中传递出对对方文化的尊重和理解。这种尊重和理解是建立信任关系的基础，能够有效提高谈判的成功率。在全球化的商务环境中，谈判者通过对文化背景的深入理解和空间距离的灵活调整，能够更好地适应多元文化的交流需求，确保谈判的顺利进行和预期目标的实现。

（三）谈判中的距离策略

谈判中的距离策略不仅涉及物理空间的管理，还反映了文化背景和心理因素的复杂交织。近距离交流常被用于建立信任关系，这种策略能够增强谈判者之间的亲密感，提高沟通的开放性。通过缩短物理距离，谈判者可以更直接地传递情感和意图，从而促进彼此之间的理解和合作。然而，过于亲密的距离可能会引发某些文化中的不适感，因此在使用近距离策略时，需要对对方的文化背景有深刻的理解与尊重。

中距离交流在商务谈判中则更为常见，这种距离策略有助于保持谈判的专业性，特别适合于正式场合。在这种距离下，谈判者能够有效地传递信息，同时保持适当的礼貌和尊重。这种距离不仅可以避免过于亲密的误会，还能在谈判中维持良好的秩序和结构。中距离的选择通常反映了谈判者对专业形象的重视，以及对谈判内容的严肃态度。在国际商务环境中，掌握中距离策略能够帮助谈判者在多元文化背景下实现有效的沟通与协调。

远距离交流策略在某些情况下也显得尤为重要，尤其是在初次见面时。这种策略可以帮助谈判者在刚开始的接触中避免对方的不适感，特别是当面对不熟悉的谈判对象时。远距离交流能够为双方提供一个缓冲区，使得彼此有更多的时间和空间来适应对方的存在和文化差异。这种策略在初步接触阶段尤为有效，因为它减少了直接的压力和紧张感，为后续的深入交流奠定了良好的基础。

在国际商务谈判中，了解和适应对方的空间距离习惯是增强沟通效果的关键。在不同文化背景下，人们对个人空间的理解和接受程度各不相同。在一些文化中，较小的个人空间可能被视为友好和开放的标志，而在另一些文化中则可能被视为侵扰。因此，谈判者需要对不同文化的空间距离习惯有充分的了解，以避免由于误解而导致的沟通障碍。通过灵活调整个人空间，谈判者可以更好地适应不同的文化背景，建立良好的谈判氛围和信任关系，从而提高谈判的成功率。

五、目光接触与信任建立

(一) 目光接触的频率与时长

目光接触的频率与时长直接影响谈判的氛围和效果。目光接触的频率应根据谈判的进程灵活调整，以保持双方的关注和参与感。在谈判的初期，适度增加目光接触的频率可以帮助双方建立初步的信任关系，增强彼此的认同感。随着谈判的深入，谈判者可以根据对方的反应适当调整目光接触的频率，以避免因过高的目光接触频率而导致对方感到压力或不适。

适当的目光接触时长可以传达自信与诚意，增强对方的信任感。在国际商务谈判中，谈判者通过保持一定时长的目光接触，可以向对方传递出开放和真诚的信息，这有助于建立良好的沟通基础。然而，过长的目光接触可能被误解为侵扰或不尊重，因此，谈判者需在自信与尊重之间找到平衡点，以确保谈判的顺利进行。

在谈判过程中，目光接触的频率过高可能导致对方感到压力，因此应保持适度的平衡。尤其是在跨文化谈判中，谈判者需对目光接触的频率保持敏感，避免因文化差异而引发误解或不适。通过观察对方的肢体语言和面部表情，谈判者可以更好地判断对方对目光接触的反应，从而调整自己的沟通策略，以维护良好的谈判氛围。

(二) 通过目光建立信任的技巧

适度的目光接触不仅可以传达自信和关注，还能增强对方的信任感。在谈判过程中，谈判者需要注意保持适度的目光接触，这样可以让对方感受到自己的诚意和专注。目光接触的频率和时长需要根据谈判情境和对方的反应进行调整，以确保不会给对方带来不适或压力。通过这种方式，谈判者可以在潜移默化中增进与对方的信任关系，为谈判的顺利进行奠定基础。

在谈判过程中，观察对方对目光的反应是调整自己目光接触策略的重要依据。通过细致观察对方的目光变化，谈判者可以判断对方的舒适度，并据此调整自己的目光接触频率和时长。过于频繁或过于长时间的目光接触可能会给对方带来压力，影响谈判的气氛和效果。因此，谈判者需要灵活运用目光接触技巧，以确保对方在谈判过程中始终感到舒适和被尊重。这种细致入微的调整不仅体现了谈判者的敏锐观察力，也展示了其灵活应变的能力。

在关键时刻，加深目光接触可以有效地强调重要信息和观点。这种策略能够帮助对方集中注意力，促进对重要事项的理解。在谈判中，往往会有一些关键时刻需要特别强调，通过加深目光接触，谈判者能够在无声中传递出信息的重要性，引导对方的注意力集中于核心问题上。这种非语言的沟通方式不仅可以增强信息传递的效果，还能在一定程度上引发对方的思考和回应，从而推动谈判进程向有利的方向发展。

目光接触与微笑结合使用，可以营造出一种友好、开放的氛围，增强双方的情感链接，进而促进合作意愿。在谈判中，单纯的目光接触可能会显得过于严肃，而与微笑结合则能够缓和这种严肃感，使谈判氛围更加轻松和融洽。这种结合使用的策略可以有效地拉近双方的心理距离，增加彼此间的信任和理解，为谈判的成功创造良好的情感基础。通过这种方式，谈判者不仅能够提升自身的亲和力，还能激发对方的合作意愿。

第四节　跨文化沟通障碍与对策

一、语言障碍与翻译策略

（一）语言误解的识别

识别语言误解的关键在于对多义性的敏锐察觉。谈判者需要确保每个词汇的具体含义在谈判中得到明确的界定，以避免因多义词造成的误解。例如，“合同”在不同语言中可能具有不同的法律意义，这要求谈判双方在使用该词时明确其具体指涉。此外，语境对语言理解的影响不容忽视。确保谈判双方在相同的情境下进行沟通，可以有效减少产生误解的可能性。例如，在谈判中使用“合作”一词时，双方需明确其在具体商业情境中的含义，以避免各自理解不同而导致的沟通障碍。

文化背景对语言使用的影响同样重要。不同文化中相同词汇可能产生不同的解读，了解这些差异是避免误解的关键。比如，在某些文化中，“直接”可能被视为坦诚，而在另一些文化中则可能被视为冒犯。因此，谈判者需要具备跨文化理解的能力，以便在谈判中正确解读对方的言辞。此外，非语言线索（如手势和面部表情）也可以作为辅助工具，帮助谈判者理解语言信息。这些线索通常能够提供语言无法传达的情感和意图，从而减少因语言障碍引起的误解。

通过反复确认和澄清对方的意图，是确保双方在沟通中达成共识的重要策略。谈判者可以通过提问和复述对方的观点，来确认自己对对方意图的理解是否准确。这种策略不仅能够有效避免误解，还能增强双方的信任感和合作意愿。例如，在谈判结束时，双方可以总结讨论的要点，并确认各自的理解是否一致，以确保谈判结果的有效性和可执行性。通过这些方法，谈判者可以有效应对语言障碍带来的挑战，促进国际商务谈判的成功。

（二）翻译准确性的提升

选择具备相关行业知识和语言能力的专业翻译人员，是提升翻译准确性和专业性的首要步骤。专业翻译人员不仅能够准确理解和表达复杂的商务术语，还能在跨文化交流中避免因语言差异而导致的误解。此外，使用计算机辅助翻译工具也是提高翻译质量的重要手段。这些工具通过术语库和翻译记忆库的建设，能够显著提高翻译的一致性和效率，尤其在处理大量文本时，表现得尤为出色。

在翻译过程中，双向沟通是减少误解的重要策略。翻译人员应与谈判各方及时确认和澄清不明确的术语或表达，以确保双方的意图和信息传达无误。这种沟通不仅局限于语言层面，还涉及对文化背景和行业惯例的深入理解。通过持续的沟通与反馈，翻译人员可以更好地适应谈判双方的需求，从而增强翻译的准确性和可靠性。译后校对和审校则是确保翻译文本符合目标语言标准的最后一道防线。通过仔细检查语法、用词和逻辑结构，确保翻译准确无误，符合商务谈判的高标准要求。

为了适应快速变化的国际商务环境，定期培训翻译团队显得尤为重要。这不仅有助于提升翻译人员的跨文化沟通能力，还能增强其对最新行业动态和专业知识的掌握。在培训中，翻译人员可以学习到最新的翻译技术和工具的使用方法，以及如何在复杂的商务环境中灵活应用这些技能。通过持续的学习和实践，翻译团队能够不断提升其专业水平，从而为国际商务谈判提供更为精准和有效的语言服务。这样的策略与技巧，不仅能提升翻译的准确性，还能为国际商务谈判的成功奠定坚实的基础。

（三）专业术语的处理

专业术语的定义与分类是谈判者必须掌握的基本技能。准确使用行业特定术语能够有效避免沟通障碍，因为这些术语通常承载了特定的行业背景和专业知识。谈判者需要对这些术语有清晰的理解，以便在谈判中准确传达信息。掌握专业术语不仅是沟通的基本要求，也是在谈判中展示专业性的体现。

专业术语的翻译策略是跨文化谈判中的一大挑战。由于不同语言在表达方式和语义上的差异，找到等效术语以确保信息的准确传达至关重要。这需要翻译人员具备深厚的语言功底和行业知识，以便在翻译过程中保持术语的专业性和一致性。通过对比国内外不同的翻译策略，可以发现成功的翻译往往依赖对文化背景和行业特点的深刻理解。

谈判者的专业术语背景知识是其在谈判中有效沟通的基础。具备相关行业知识不仅有助于理解和使用专业术语，还能帮助谈判者在谈判中提出具有说服力的论点。在国际商务谈判中，谈判者需要不断更新自己的行业知识，以便在快速变化的市场环境中保持竞争力。通过对行业趋势的深入研究，谈判者能够更好地掌握行业动态，从而在谈判中占据主动地位。

在不同谈判阶段和情境中，专业术语的使用场景各不相同。谈判者需要根据谈判的具体阶段和对方的文化背景，灵活应用专业术语，以增强说服力。在谈判的初期阶段，适当使用专业术语可以建立专业形象，而在谈判的关键阶段，恰当的术语使用能够强化论点，提高谈判的成功率。通过案例分析，可以发现成功的谈判往往得益于谈判者对术语使用时机的精准把握。

二、文化差异对沟通的影响

（一）文化背景的理解

文化背景不仅影响着个体的思维方式和行为模式，还决定了他们在沟通过程中的表现和偏好。文化背景的差异可能导致对相同信息的不同解读，从而影响沟通的效果。例如，某些文化可能倾向于直截了当地传达信息，而另一些文化则可能偏爱含蓄或间接的表达方式。这种差异可能在谈判中造成误解或摩擦，因此，深入理解对方的文化背景有助于谈判者调整自己的沟通策略，以实现更有效的交流。

文化背景在很大程度上影响着沟通风格的选择。在直接沟通风格中，谈判者会更倾向于开诚布公地表达自己的观点和立场，而在间接沟通风格中，谈判者可能会通过暗示或非语言信号来传达信息。这种风格的差异不仅影响信息的传递效果，还可能影响谈判的氛围和结果。谈判者需要敏锐地意识到这些文化差异，并根据具体情况调整自己的沟通方式，以便更好地与来自不同文化背景的谈判对手进行互动。

文化背景还影响着谈判者在谈判过程中的权威感和地位认知。不同文化对年龄、性别、职务等因素的重视程度不同，这些都可能影响谈判者在沟通中的角色定位和行为表现。比如，在某些文化中，年长者或职位较高者的意见可能更具权威性，而在其他文化中，平等和开放的沟通可能更受欢迎。了解这些差异有助于谈判者在沟通中更有效地建立信任和影响力。

时间观念的文化差异也可能对谈判产生显著影响。在一些文化中，准时被视为一种基本的礼貌和职业素养，而在另一些文化中，时间的灵活性可能被更多地接受和理解。这种差异可能影响谈判的节奏和效率，甚至可能成为谈判成功与否的关键因素之一。因此，谈判者需要在跨文化谈判中灵活应对时间观念的差异，以确保谈判的顺利进行。

（二）沟通风格的适应

识别并理解不同文化背景下的沟通习惯，是灵活调整沟通方式和策略的基础。不同文化有其独特的沟通习惯和表达方式，这些习惯可能包括语言的直接性或间接性、语调的高低、礼貌用语的使用等。通过深入了解这些差异，谈判者可以更好地选择适当的沟通方式，以避免误解和冲突。例如，在高语境文化中，沟通通常更加间接和含蓄，而在低语境文化中，直接和清晰的表达更为常见。理解这些差异有助于谈判者在跨文化环境中有效地传递信息。

根据对方的沟通风格选择适当的语言和表达方式，是增强信息传递效果的关键。在跨文化谈判中，语言不仅是信息传递的工具，也是表达尊重与理解的方式。选择合适的语言和表达方式，可以减少文化隔阂，增强双方的信任感。

例如，在与来自重视礼貌和谦逊文化的谈判对手交流时，使用更加委婉和礼貌的语言可能更为有效，而在与强调效率和直接性的谈判对手交流时，简洁明了的表达方式则可能更受欢迎。因此，谈判者需要具备灵活调整语言表达的能力，以适应不同的文化背景。

在谈判过程中，适时调整语气和语调，以适应对方的情绪和反应，是促进更顺畅交流的重要策略。谈判中的情绪和反应往往会受到文化背景的影响，不同文化对情绪表达的接受程度各不相同。通过观察对方的情绪变化，谈判者可以调整自己的语气和语调，以更好地回应对方的情感需求。例如，在一些文化中，保持平和的语气被视为专业和理智的表现，而在另一些文化中，适度的情感表达则被认为是真诚的体现。理解这些文化差异，可以帮助谈判者在对话中建立更深层次的链接。

在多元文化环境中，保持开放的心态和尊重对方的文化差异，是促进有效沟通与合作的基础。尊重文化差异不仅是礼貌的表现，更是成功谈判的关键。开放的心态意味着愿意倾听和理解对方的观点，而不是仅仅坚持己见。这种态度能够帮助谈判者在复杂的跨文化环境中找到共同点，达成双赢的共识。通过尊重和理解，谈判者可以在多元文化背景下建立牢固的合作关系，推动谈判的顺利进行。这种文化敏感性和灵活性是国际商务谈判中不可或缺的技能。

（三）文化敏感性的培养

增强文化意识是培养文化敏感性的基础，通过学习不同文化的价值观和习俗，可以提升对文化差异的敏感性和理解力。这种学习不仅表现为对理论知识的掌握，更需要通过实际的接触和体验来深化理解。国内外比较显示，不同文化背景下的价值观可能会对谈判的结果产生显著影响。因此，积极学习和理解这些文化价值观的多样性，有助于减少误解和冲突，促进谈判的成功。

参与跨文化培训与交流活动是提升文化适应能力和沟通技巧的重要途径。在国际商务谈判中，文化适应能力的提高可以帮助谈判者更好地理解对方的立场和需求。通过参与这些活动，谈判者可以获得实践经验，了解不同文化背景下的沟通风格和谈判策略。案例分析表明，经过系统的跨文化培训，谈判者更能有效地应对文化差异带来的挑战，从而在谈判中取得更好的成果。这种能力的提升不仅仅体现在语言交流上，更体现在对文化背景的深刻理解和尊重上。

培养开放的心态是促进有效沟通与合作的前提。尊重和接受不同文化的观点和做法，能够在谈判中建立良好的信任关系。开放的心态不仅能够帮助谈判者更好地理解对方的立场，也能在谈判过程中创造一个包容的氛围，减少因文化差异导致的误解和冲突。历史背景的研究显示，开放的心态在跨文化沟通中起到了桥梁作用，使得不同文化背景的谈判者能够在共同的基础上进行有效的沟通与合作。

观察和反思自身的文化偏见是识别潜在沟通障碍的有效方法。在国际商务谈判中，文化偏见常常成为沟通障碍的根源。通过自我反思，谈判者可以识别并克服这些偏见，从而减少在沟通过程中可能出现的误解和冲突。历史演进的研究表明，反思和调整个人的文化偏见，可以显著提高谈判的成功率。这种反思不仅有助于个人的成长，也为团队的合作提供了更为和谐的环境。

三、价值观冲突的识别与协调

（一）价值观差异的识别

不同文化背景下的谈判者，其核心价值观往往影响着沟通方式和决策过程。个人主义与集体主义的倾向是识别价值观差异的关键因素之一。个人主义倾向的谈判者可能更注重个人目标和直接沟通，而集体主义倾向则可能强调团队目标和间接沟通。这种差异不仅影响谈判的语言表达，还可能在决策的速度和方式上产生显著不同。因此，了解并识别这些价值观差异能够帮助谈判者更好地调适沟通策略，避免因文化误解而引发不必要的冲突。

通过分析对方的文化背景，谈判者可以识别出其核心价值观对谈判风格和策略的影响。文化背景往往决定了一个人的价值取向和行为模式。例如，来自高语境文化的谈判者可能更依赖非语言交流和背景信息，而来自低语境文化的谈判者则倾向于直接和清晰的沟通方式。识别这些文化特征能够帮助谈判者预判对方的谈判风格，调整自身策略，以避免因误解而导致的冲突。通过这种方式，谈判者不仅能够更有效地进行跨文化沟通，还能在谈判中占据主动地位。

利用开放式提问与倾听技巧是深入了解对方价值观念的重要方法。这种沟通技巧不仅能揭示对方的真实需求和期望，还能促进双方的相互理解与信任。在谈判中，开放式提问能够引导对方表达其内心深处的想法，而积极倾听则能让对方感受到被尊重和理解。这种双向互动为谈判的顺利进行奠定了基础，有助于双方在价值观差异的背景下找到共同利益，达成互利共赢的协议。

关注价值观差异对谈判目标和期望的影响，是谈判者制定策略时必须考虑的因素。不同的价值观可能导致对谈判目标的不同理解和期望。例如，某些文化可能更加重视长期合作关系，而另一些文化则可能更关注短期利益。了解这些差异有助于谈判者在策略制定时考虑多元化的需求与利益，设计出更具包容性和灵活性的谈判方案。这不仅提高了谈判的成功率，也为未来的合作奠定了良好的基础。

（二）冲突解决的策略

冲突解决不仅是化解矛盾，更是通过合理的沟通技巧，促进双方达成共识。首先，建立共同利益是解决冲突的关键策略之一。通过强调双方的共同目标，可以有效减少对立情绪，增强合作的意愿。共同利益的识别和强调，能够使谈判双方在情感和理智上找到契合点，从而为后续的沟通奠定良好的基础。这种策略不仅有助于缓解紧张局势，还能在谈判中创造一个积极的合作氛围。

积极倾听技巧在冲突解决中扮演着至关重要的角色。通过专注地倾听对方的观点和情感，谈判者可以让对方感受到被理解和重视，这有助于降低冲突的可能性。积极倾听不仅要听取对方的语言信息，还要通过肢体语言和适时的反馈，传达出一种尊重和关注。这种技巧的运用能够有效消除误解，避免不必要的对立，从而促进双方在谈判中更为顺畅地沟通和交流。

采用中立的语言是避免情绪化反应的重要策略。在跨文化沟通中，语言的选择尤为重要，因为不同文化背景下的词汇可能引发不同的情感反应。中立的语言能够减少误解和误会，确保沟通的顺畅与和谐。通过使用不带偏见和攻击性的词汇，谈判者可以避免激化矛盾，保持理性的对话。这种策略不仅有助于维护谈判的礼貌和专业性，也为双方创造了一个开放和建设性的交流环境。

在冲突出现时，适时引入幽默或轻松的语言可以有效缓解紧张气氛。幽默是一种强大的沟通工具，它能够打破僵局，缓解压力，使谈判氛围更加轻松和友好。然而，幽默的运用需要谨慎，必须考虑文化背景和对方的接受程度。通过适当的幽默语言，谈判者可以降低对抗情绪，促进双方的交流和理解，这为解决冲突提供了一个更加宽松的环境。

通过情境模拟或假设性问题的引导，谈判者可以帮助对方从不同角度思考问题，从而降低直接冲突的风险。这种策略通过创造性地引导对方进行换位思考，促使其理解自身观点的局限性和对方立场的合理性。情境模拟不仅能够拓宽思维的广度，还能为谈判双方提供一个安全的讨论空间，使其在不受威胁的情况下探索不同的解决方案。这种策略的运用，有助于在谈判中建立互信，推动双方朝着共同解决问题的方向努力。

（三）共同价值观的建立

共同价值观的建立不仅有助于减少谈判中的对立情绪，还能增强信任感和合作意愿。通过设定共同的目标，谈判双方可以在此基础上进行更为有效的合作与理解。共同的目标作为谈判的指引，能够将不同文化背景下的参与者凝聚在一起，使他们在追求共同利益的过程中，逐步打破文化隔阂，建立起相互信任的关系。

为了促进共同价值观的形成，鼓励双方分享各自的价值观和期望是一个重要步骤。在这一过程中，双方应积极交流，寻找彼此之间的共同点。通过坦诚的沟通，可以增进相互理解和认同，进而为谈判的顺利进行奠定基础。分享价值观不仅是表达自身的立场和需求，也是对对方文化背景的尊重和理解，这种相互尊重和理解是跨文化谈判成功的基石。

积极倾听和反馈技巧在谈判中同样至关重要。通过认真倾听对方的意见，并给予适时的反馈，谈判者能够确保双方的需求和意见得到充分的尊重和重视。积极倾听不仅是对对方的尊重，更是对信息的充分掌握，这样的沟通方式可以有效减少误解和冲突的发生，增强双方的信任感和合作意愿，有助于在谈判中形成共同的价值观。

在谈判过程中，鼓励双方共同参与决策是增强责任感和合作意识的有效方式。通过共同决策，双方能够在彼此的立场和观点上达成一致，从而建立更为紧密的合作关系。这样的参与不仅增强了双方的责任感，也使得谈判结果更具包容性和可持续性。共同参与决策过程是实现谈判目标的关键一步，有助于在谈判中形成长期的合作伙伴关系。

文化敏感性训练是帮助谈判者理解和尊重彼此价值观差异的重要工具。通过这种训练，谈判者能够更好地识别和理解不同文化背景下的价值观，从而在谈判中表现出更高的文化敏感性和包容性。文化敏感性训练不仅提高了谈判者的跨文化沟通能力，还促进了共同价值观的形成，帮助谈判者在多元文化环境中建立起有效的沟通桥梁。

四、时间观念差异的管理

（一）时间管理的文化差异

不同文化对时间的重视程度存在显著差异，某些文化可能将时间视为严格的约定，强调准时和计划性，而其他文化则可能更为灵活，强调关系优先。这种差异可能导致在谈判过程中产生误解。例如，在一些西方文化中，时间被视为一种有限资源，强调效率和速度，而在某些东方文化中，时间可能被视为一种循环的过程，强调关系的建立和维护。这种文化差异要求谈判者在制定策略时，充分考虑对方的时间观念，以避免不必要的冲突和误解。

在商务谈判中，时间观念不仅影响着会议的节奏，还直接影响决策过程。某些文化可能倾向于快速决策，期望在短时间内达成协议，而其他文化则可能偏好深入讨论，延长谈判时间以确保所有细节都得到充分的考虑。这种差异要求谈判者具备高度的文化敏感性，并在谈判前期做好充分的准备，了解对方文化中的时间观念，以便在谈判中灵活调整策略，适应对方的决策节奏，从而提高谈判的成功率。

此外，时间管理的方式在不同文化中也存在显著差异。有些文化可能重视事前规划和时间安排，强调按部就班地推进谈判，而其他文化则可能更倾向于即兴应变和灵活调整，强调在谈判过程中根据实际情况进行调整。这种差异要求谈判者在跨文化谈判中，既要有明确的计划和目标，又要具备灵活应变的能力，以应对可能出现的变化和挑战，从而确保谈判的顺利进行。

在跨文化谈判中，理解对方的时间观念有助于调整谈判策略，避免因时间安排不当导致的误解和冲突。例如，在与强调关系优先的谈判对象进行谈判时，谈判者可能需要留出更多的时间用于建立信任和关系，而不是急于达成协议。相反，在与强调效率的谈判对象进行谈判时，谈判者可能需要更加注重时间的管理和控制，以便在有限的时间内取得实质性的进展。

（二）时间观念的协调

不同文化背景下的谈判者对时间的理解和重视程度可能存在显著差异，这种差异常常会影响谈判的进程和结果。在谈判开始前，明确双方对时间的期望和安排是至关重要的。通过事先的沟通，双方可以就时间框架达成一致，避免因时间观念差异引发的误解。这种预先的协调不仅有助于设定合理的谈判节奏，还能为双方创造一个和谐的谈判环境。

在谈判过程中，灵活调整议程以适应对方的时间管理习惯是保持高效沟通的关键。不同文化可能对时间的流动性有不同的理解，因此在谈判中，适时的调整和灵活的安排显得尤为重要。通过这种方式，双方可以在讨论中保持愉快的交流氛围，避免因时间管理不当导致的紧张和压力。这种灵活性不仅能促进谈判的顺利进行，还能增强双方的合作意愿和信任感。

此外，通过适时的时间提醒，帮助双方把握谈判进程也是一种有效的策略。时间提醒可以让谈判者意识到时间的流逝，从而更加专注于当前的讨论主题，避免偏离议题或者过于冗长的讨论。这种做法不仅能提高谈判的效率，还能在一定程度上缓解谈判者的紧张情绪，使其在一个更加放松的状态下进行交流。

在谈判结束时，及时总结讨论内容和达成的共识是确保双方对时间的使用和对结果有清晰理解的有效方式。通过总结，双方可以回顾谈判中涉及的关键问题和达成的协议，确保没有遗漏重要信息。这种总结不仅有助于巩固双方的谈判成果，还能为后续合作打下良好基础，减少未来合作中可能出现的误解和冲突。

第四章 国际商务谈判磋商策略与技巧

第一节 报价策略与技巧

一、报价的基本原则

（一）透明度原则

报价信息的清晰度至关重要，详细的成本分解能够有效增强信任感。在报价过程中，提供详细的成本分解，不仅可以展示企业的诚意，还能帮助对方更好地理解报价的合理性。这种透明度有助于消除误解，减少因信息不对称而引发的冲突。

报价信息的及时更新是保持与市场变化同步的重要手段。市场环境瞬息万变，价格波动频繁，因此，企业应当建立一套灵活的报价更新机制，以便及时调整报价，反映最新的市场动态。这不仅能够提高报价的竞争力，还能增强企业在谈判中的主动性和灵活性。同时，在报价过程中使用统一的术语，避免歧义和误解，是确保谈判顺利进行的另一关键因素。统一的术语可以避免双方因语言差异或文化背景不同而产生的误解，从而提高沟通效率。

鼓励双方在报价阶段进行开放式沟通，是促进合作意向的重要策略。开放式沟通不仅可以增进双方的理解和信任，还能为后续的谈判奠定良好的基础。在报价阶段，通过开放式沟通，双方可以更好地了解彼此的需求和期望，从而为达成共识创造条件。这种沟通方式有助于建立长期的合作关系，推动谈判向更深层次发展。透明度原则在报价策略中发挥着至关重要的作用，它不仅影响报价的效果，还直接关系到谈判的成败。

（二）公平性原则

公平性原则不仅是报价策略的核心之一，也反映了企业的诚信和专业程度。确保报价在合理范围内，以反映市场行情和产品价值，是公平性原则的首要体现。企业在制定报价时，必须深入分析市场动态，准确评估产品的真实价值，避免因过高或过低的报价失去竞争优势或损害企业形象。这一过程需要企业具备敏锐的市场洞察力和精确的数据分析能力，以便在报价时充分考虑市场供需变化和竞争对手的定价策略。

在报价过程中，考虑对方的利益是实现双方共赢合作关系的关键。国际商务谈判的成功不仅取决于己方利益的实现，更在于通过合理的报价策略，达成双方都能接受的交易条件。为此，企业需要在报价中体现出对合作伙伴利益的尊重和理解，进而增强双方的信任感和合作意愿。这种策略不仅有助于促成当前交易的成功，也为未来的长期合作奠定了良好的基础。因此，报价策略应当以促进合作为导向，而非单纯追求己方的最大化利益。

提供多种报价选项是满足不同客户需求和预算的有效方式。客户的需求和预算往往存在较大差异，因此，企业在报价时应灵活设计多种方案，以适应不同的客户群体。这种策略不仅能够扩大企业的市场覆盖面，也有助于提高客户的满意度和忠诚度。在设计报价选项时，企业需要综合考虑产品的成本、市场定位以及客户的支付能力，确保提供的每一个选项都具有竞争力和吸引力。

（三）灵活性原则

灵活性原则不仅要求谈判者在报价过程中具备适应性，还需要根据客户的不同需求和市场的动态变化，灵活调整报价策略。这种灵活性体现在对市场环境的敏锐感知和对客户需求的准确把握上。通过灵活调整报价策略，谈判者能够在竞争激烈的市场中保持优势，并增强与客户的互动效果，最终实现双赢的谈判结果。

在报价过程中，灵活性原则要求谈判者根据谈判的进展，及时修改报价内容，以确保各方对价格的接受程度和满意度。谈判者需要在报价的各个阶段保持开放的态度，愿意根据对方的反馈和市场变化作出必要的调整。这种灵活性不仅有助于提高报价的成功率，还能增强客户对企业的信任感和满意度，从而为未来的合作奠定良好的基础。

灵活性原则还体现在允许在报价中引入附加条款或服务，以增强报价的吸引力和竞争力。通过在报价中加入额外的服务或优惠条款，谈判者可以有效地提高报价的吸引力，并在竞争中脱颖而出。这种策略不仅能够满足客户的多样化需求，还能为企业创造更多的价值和机会。在竞争激烈的国际市场中，能够灵活运用附加条款的企业往往能够赢得更多客户的青睐。

在谈判中，运用不同的报价形式，如分期付款、折扣等，以适应对方的财务状况，是灵活性原则的另一重要体现。通过灵活运用多种报价形式，谈判者可以更好地适应客户的财务需求，从而增加报价的接受度。这种灵活性不仅能提升客户的购买意愿，还能增强企业在国际市场中的竞争力，帮助企业在复杂多变的市场环境中立于不败之地。

灵活性原则要求谈判者在保持基本原则的前提下，灵活应对对方的反对意见，寻找折中的解决方案。在面对客户的反对意见时，谈判者需要具备良好的沟通技巧和灵活的思维方式，以便在不损害企业利益的前提下，找到双方都能接受的折中方案。这种灵活性不仅能打破谈判中的僵局，还能为双方创造更多的合作机会和价值，促进双方建立长期的合作关系。

二、报价的时机选择

（一）市场变化时的报价时机

在市场需求急剧变化时，企业需要迅速调整报价策略，以吸引客户并避免错失商机。这种情况下，企业应密切关注市场动态，及时获取市场信息，从而在需求高峰期或市场波动之际，制定出具有竞争力的报价策略。通过灵活的报价调整，不仅可以满足客户的需求，还能在激烈的市场竞争中占据有利位置。

当竞争对手调整价格时，企业需要迅速响应并优化自身报价，以保持市场竞争力。竞争对手的价格变动往往会影响市场格局，企业若能在第一时间作出反应，将有助于保持甚至提升其市场份额。在这种情况下，企业应进行全面的市场分析，了解竞争对手的定价策略，并根据自身优势与客户需求，制订出更具吸引力的报价方案。这不仅体现了企业的市场敏感度，也反映了其在价格竞争中的灵活性与应变能力。

在新产品发布或促销活动期间，选择适当时机推出优惠报价，可以显著提升客户的购买意愿。新产品的推出往往伴随着市场的关注与期待，企业若能在此时提供具有吸引力的报价，将有助于迅速打开市场局面。同时，促销活动期间的优惠报价也能有效刺激消费者的购买欲望，增加产品销量。因此，企业应在产品发布前期进行详细的市场调研，选择最佳时机推出优惠报价，以达到预期的市场效果。

（二）竞争对手报价后的响应时机

企业需要在竞争对手报价后，迅速分析其报价的构成和策略。这一过程不仅涉及对价格高低的判断，还需深入理解对方的定价策略背后可能隐藏的市场意图和竞争策略。通过细致的分析，企业可以识别对方报价中的关键因素，从而制定出更具针对性的应对措施。这种分析能力不仅需要对市场环境的敏锐洞察，还需要对自身产品和服务的深入理解，以便在谈判中占据有利位置。

根据竞争对手的报价，企业还需评估自身产品的独特价值和优势，并据此调整报价策略。这一过程中，强调自身产品的差异化特征尤为重要。企业应当通过凸显产品的独特卖点，来增强其在客户心目中的吸引力。例如，若竞争对手的报价在价格上具有优势，企业可以通过强调产品的创新性、品质或售后服务等方面的独特性，来提升自身的竞争力。通过这种方式，企业不仅能够在价格战中立于不败之地，还能有效地提升客户对产品的认可度和忠诚度。

此外，企业在竞争对手报价后，可以考虑采用限时优惠或捆绑销售等策略，以增加自身报价的吸引力。这些策略能够有效地激发客户的购买欲望，促使其快速作出决策。限时优惠能够制造紧迫感，迫使客户在短时间内完成购买决策；而捆绑销售则通过增加产品的附加值，提升整体报价的吸引力。这些策略的成功实施，要求企业对客户需求有深刻的理解，并能灵活运用各种促销手段，以实现谈判目标。

保持与客户的沟通是报价策略成功的关键。通过与客户的持续互动，企业能够及时了解客户对竞争对手报价的反应，并据此快速调整自身的报价策略。这种动态调整能力，能够帮助企业在竞争激烈的市场中保持灵活性和适应性。通过积极的沟通，企业不仅能更好地满足客户的需求，还能在谈判中建立起更为稳固的合作关系，从而在长期竞争中获得优势。

（三）需求旺季与淡季的报价策略

需求旺季与淡季的报价策略直接影响企业的市场表现。在需求旺季，企业应提前制定和发布优惠报价，以吸引客户并提高市场占有率。通过这种方式，企业不仅可以在竞争激烈的市场中占得先机，还能有效提升品牌知名度和客户忠诚度。历史数据显示，提前制定报价策略有助于企业在需求旺季中获得更高的销售额和更大的市场份额。

在需求淡季，企业面临的挑战是如何激发市场需求。此时，灵活的定价策略显得尤为重要。通过折扣、捆绑销售等方式，企业可以有效刺激客户的购买意愿。许多成功的企业通过淡季折扣策略，不仅维持了稳定的销售额，还吸引了大量新客户。灵活的价格策略能够帮助企业在淡季保持市场活力，并为下一轮旺季做好准备。

季节性变化对企业的产品组合和报价策略提出了更高要求。企业应根据市场需求的变化，适时调整产品组合，确保其产品能够满足客户的多样化需求。通过对市场趋势的准确把握，企业可以在合适的时机推出适销对路的产品和服务。历史演进表明，能够灵活调整产品组合的企业往往在市场竞争中处于有利位置。

在旺季结束前，限时优惠策略是一种有效的促销手段。通过推出限时优惠，企业可以促使客户尽快作出购买决策，从而最大化销售额。这种策略不仅能够有效清理库存，还能为企业带来额外的收入。

三、报价方式与技巧

（一）固定报价与浮动报价

第一，固定报价。固定报价的优势在于其明确性和透明度，它能够帮助客户迅速了解产品或服务的价格，从而快速作出决策。这种方式缩短了谈判时间，提高了谈判效率，尤其适用于标准化产品或服务的销售。在这种情况下，固定报价不仅有助于建立稳定的客户关系，还能促进长期合作的达成，因为客户对价格的预期是明确和一致的。

第二，浮动报价。浮动报价的灵活性使其在应对市场变化和客户需求方面具有显著优势。通过这种方式，企业可以根据市场的价格波动和客户的具体需求进行调整，从而提高成交的可能性。浮动报价特别适合于那些需要个性化定制的产品或服务，因为它允许企业为不同的客户提供量身定制的方案。这种灵活性不仅增强了企业的竞争力，还能在激烈的市场竞争中赢得更多客户的青睐。

结合固定报价与浮动报价的策略是实现更高价格灵活性和客户满意度的有效途径。在报价过程中，企业可以根据产品或服务的性质、市场环境以及客户的需求，灵活运用这两种报价方式。通过这种组合策略，企业能够在确保价格透明的同时，提供个性化的解决方案，以满足不同客户的特定需求。这种方法不仅提升了客户满意度，也有助于企业在国际商务谈判中获得更大的成功。

（二）区间报价与一次性报价

区间报价提供了一个价格范围，这种方式在谈判中能够为客户提供更大的选择空间，使他们能够在预算内灵活地选择合适的价格点。这种灵活性不仅增加了成交的可能性，还能够在一定程度上缓解客户的价格压力，提升客户对产品或服务的接受度。相比之下，一次性报价则提供了一个明确的价格点，这种直接的方式通常适用于标准化产品，因为它能够大大减少客户的决策时间，从而提高成交率。

利用区间报价，卖方可以更好地适应不同客户的需求。通过提供价格区间，客户能够根据自身的预算和需求，自主选择最合适的方案。这不仅增强了客户的满意度，也在一定程度上提升了客户的谈判体验。客户在选择过程中，感受到了一种参与感和自主权，这种策略在个性化需求较高的市场中显得尤为重要。一次性报价则在市场竞争激烈的情况下更为常用。卖方通过明确的价格传达出强烈的市场信号，快速锁定客户，确保价格的透明性。这种报价方式减少了潜在的议价空间，使得谈判过程更加高效。

（三）报价中的语言艺术

报价中的语言艺术在于如何巧妙地使用语言来传达信息，从而影响客户的决策。使用积极的语言构建报价是提升客户购买意愿的关键。通过强调产品或服务的优势和价值，报价不仅是价格的陈述，也是传递产品独特卖点的机会。积极的语言能够塑造一种积极的心理氛围，使客户对产品产生更高的期望和兴趣，从而提高成交的可能性。

此外，报价的可信度和说服力可以通过具体的数据和实例来增强。数据和实例能够为报价提供有力的支持，使其不再是单纯的数字，而是有根有据的建议。客户在面对具体的数据时，更容易对报价产生信任感，从而更愿意接受建议。通过将报价与实际的成功案例相结合，可以让客户看到实际的效果和价值，这种方式能够有效地打消客户的疑虑，增加成交的可能性。

在报价中，采用客户导向的语言是建立信任关系的重要手段。关注客户的需求和期望，并在报价中体现出对客户利益的重视，可以有效地拉近与客户之间的距离。客户导向的语言能够让客户感受到被关注和重视，从而增强对合作的信心。这种语言策略不仅能提升客户满意度，还能为未来的合作奠定良好的基础。

情感化的表达在报价中也起着至关重要的作用。通过巧妙运用情感化的语言，可以激发客户的情感共鸣，使报价不再是冷冰冰的数字，而是一个充满温度和承诺的提议。情感化的表达能够让客户感受到企业的诚意和关怀，从而更容易被打动并接受报价。这种策略尤其适用于需要建立长期合作关系的谈判情境。

四、报价策略调整

（一）调整报价策略以应对市场新动态

市场环境瞬息万变，企业必须及时分析市场动态，识别新兴趋势和客户需求的变化，以便迅速调整报价策略，保持竞争力。通过对市场数据的深入分析，企业能够更好地理解客户偏好和市场趋势，从而在报价中作出适当调整。这不仅包括对产品或服务价格的直接调整，还涉及提供附加值或服务的策略，以增强客户的购买意愿。

利用数据分析工具监测竞争对手的定价策略是保持市场竞争力的重要方法。企业应当部署先进的数据分析技术，实时追踪竞争对手的定价变化，并根据这些信息进行迅速响应和优化自身报价。通过对比分析，企业可以发现自身报价策略中的不足，并及时作出调整，以适应市场环境的变化。这种动态的调整机制不仅有助于维持企业的市场地位，还能帮助企业在竞争激烈的市场中脱颖而出。

在报价中引入灵活的定价机制，如动态定价或促销活动，是吸引客户并提高成交率的有效方式。动态定价允许企业根据市场需求、库存水平和竞争对手的定价策略实时调整价格，从而最大化收益。促销活动则通过短期的价格优惠或附加服务，激发客户的购买欲望。灵活的定价策略不仅能提高客户的满意度，还能增强企业的市场适应能力，确保其在不同市场环境下的竞争优势。

根据客户反馈和市场调研，定期评估和修订报价策略是确保其持续满足客户期望和需求的关键。客户反馈提供了直接的市场信息，是企业调整报价策略的重要依据。通过定期的市场调研，企业可以获取最新的市场动态和客户需求变化，从而在报价策略中作出相应调整。这种持续的评估与修订过程，不仅能提高报价策略的有效性，还能增强客户对企业的信任度和忠诚度。

（二）根据竞争对手的策略变化优化报价

企业需要深入分析竞争对手的定价策略，识别其优势与劣势，以便制定相应的优化报价策略。通过这种方式，可以在谈判中占据主动地位，确保自身报价的竞争力和吸引力。了解竞争对手的定价策略不仅有助于在价格竞争中保持优势，还可以为企业提供洞察市场趋势和客户需求的机会。

竞争对手的市场定位和目标客户群体是影响报价调整的重要因素。通过对竞争对手市场定位的分析，企业可以更好地理解其目标客户群体的需求和期望，从而调整自身报价以突出产品的独特卖点。这样的调整不仅能够满足客户的期望，还可以在市场中树立品牌的独特形象，增强客户对产品的忠诚度。在报价策略中突出产品的独特卖点，能够有效地吸引那些对价格敏感的客户，增加市场份额。

监测竞争对手的促销活动及优惠策略是报价策略调整中的关键步骤。企业需要密切关注竞争对手的市场动态，特别是在促销活动和优惠策略方面的变化。通过及时调整自身报价，企业可以在激烈的市场竞争中保持竞争力，避免因价格劣势而失去客户。在竞争对手推出新产品或服务时，进行市场调研也是必要的。通过快速调整报价策略，企业可以有效应对市场变化，确保产品在市场中的地位和竞争力。

（三）针对客户需求的迅速变化进行报价修正

市场调研和客户反馈工具是获取客户最新需求信息的有效手段。通过这些工具，企业能够及时掌握客户的偏好和市场的动态变化，从而在竞争激烈的市场中保持优势。客户的需求往往随着市场环境的变化而变化，企业需要敏锐地捕捉这些变化的信号，以便在报价中作出及时的调整，确保报价的竞争力和吸引力。

灵活调整报价内容和附加服务是满足客户个性化需求和期望的重要策略。客户在选择合作伙伴时，不仅需要关注价格，还需要重视附加服务的质量和灵活性。因此，企业在制定报价时，应根据客户的具体需求和市场变化，灵活调整产品或服务的组合，以提高客户满意度。通过提供量身定制的解决方案，企业能够更好地满足不同客户的需求，增强客户的忠诚度和合作意愿。

建立有效的沟通机制，确保销售团队与客户之间的互动频繁，是及时响应客户变化需求的关键。良好的沟通不仅能帮助企业准确理解客户的需求变化，还能加强与客户的关系，建立信任。销售团队应定期与客户进行沟通，了解其最新的需求和反馈，以便在报价中作出相应的调整。同时，企业内部的沟通也应保持畅通，以确保不同部门能够协同工作，快速响应客户的变化需求。

运用数据分析工具，实时监测客户行为和市场趋势，为报价调整决策提供有力支持。数据分析能够帮助企业识别客户需求的变化趋势，并预测未来的市场动向。通过对客户购买行为和市场动态的深入分析，企业能够在报价中作出精准的调整，提升报价的竞争力。此外，数据分析还可以帮助企业识别潜在的市场机会和风险，为决策提供科学依据。

第二节 议价策略与让步技巧

一、议价策略的基本原则

（一）理解谈判双方的需求

谈判的成功往往取决于对双方核心利益与目标的明确理解。通过识别谈判对方的潜在需求和期望，谈判者可以找到共同利益的切入点，这有助于建立互信并促成合作。分析谈判对方的背景信息（如文化和行业特点）是优化沟通方式的关键步骤。不同文化背景的人对谈判的期望和理解可能存在显著差异，因此，谈判者需要灵活调整策略，以适应对方的文化习惯和行业标准。此外，谈判过程中情绪和心理因素的影响不容忽视。情绪管理能力强的谈判者更容易在需求理解上与对方达成共识，从而为谈判的顺利进行奠定基础。通过对需求的深刻理解，谈判者不仅可以制定更具针对性的策略，还能在谈判中保持主动权。

（二）设定明确的目标与底线

谈判目标的具体化有助于在谈判过程中保持清晰的方向和焦点。通过设定具体的谈判目标，谈判者能够明确地表达自身的需求和期望，从而在复杂的谈判情境中不迷失方向。此外，明确谈判的底线，即最低可接受条件，是防止在谈判中作出不利让步的有效措施。底线的设定为谈判者提供了一个明确的界限，避免在谈判压力下作出过度妥协。同时，制订多个备选方案是增强谈判灵活性和应变能力的重要策略。备选方案的存在使谈判者能够从容应对对方的反应，调整自身的谈判策略以争取更有利的结果。定期评估和调整目标与底线是适应谈判进程中变化和新信息出现的必要步骤。通过不断更新和调整，谈判者能够在动态的谈判环境中保持优势。

（三）保持灵活性和创造性

在国际商务谈判中，保持灵活性和创造性不仅意味着在谈判桌上要有足够的应变能力，还要能够在瞬息万变的环境中迅速调整策略，以应对对方的变化和反应，从而确保自身利益的最大化。灵活性要求谈判者具备敏锐的洞察力和快速的决策能力，能够在对方提出新的条件或要求时，迅速分析其背后的意图，并调整自己的谈判策略以实现最佳结果。创造性则需要谈判者打破常规思维，敢于尝试新方法，以便在谈判中拓展更多可能性。

鼓励团队成员在谈判中提出创新的解决方案是实现创造性的关键。通过集思广益，团队可以发现传统方法未能解决的问题，并探索出新的解决路径。这样的创新不仅可以拓展谈判的可能性，还能为双方创造双赢的机会。在国际商务谈判中，双赢的结果往往是各方所追求的理想状态，因此，创新的解决方案能够有效促进谈判的成功。通过这种方式，谈判者可以在复杂的商业环境中找到突破口，实现利益的最大化。

利用非传统的谈判技巧，如情感共鸣和故事叙述，可以显著增强谈判者的说服力，并有助于建立信任关系。情感共鸣能够使谈判双方在情感上产生链接，降低彼此的戒备心，提高沟通的效率。而通过讲述相关的故事，谈判者可以更生动地传达信息，让对方更容易理解和接受自己的观点。这种技巧不仅丰富了谈判的形式，也为建立长期合作关系奠定了基础。

二、让步技巧的类型与应用

（一）渐进式让步

在国际商务谈判中，渐进式让步的核心在于通过逐步减少让步的幅度来引导谈判进程。渐进式让步的定义与特点在于其灵活性和适应性，谈判者可以根据谈判的进展和对方的反应，逐步调整自己的立场。这种策略的优势在于，它能够使谈判双方在一个可控的范围内进行博弈，避免因过度让步而导致的利益损失，同时也为最终的协议达成创造了条件。

实施渐进式让步的步骤通常包括几个关键环节。首先，谈判者需要明确自身的底线和目标，并在此基础上制订让步的初步计划。接下来，谈判过程中需要时刻关注对方的反应，以便及时调整让步的幅度和节奏。在接近谈判尾声时，适当地收紧让步幅度，以确保最终结果的最大化。这一过程要求谈判者具备较强的观察力和判断力，以便在复杂多变的谈判环境中作出准确的决策。

评估对方的反应是调整让步幅度的关键。谈判者需要敏锐地捕捉对方在谈判中表现出的各种信号，如对方的语气、肢体语言以及谈话内容的变化。这些信息可以帮助谈判者判断对方的底线和心理状态，从而为调整让步策略提供依据。通过这种方式，谈判者能够在谈判中保持主动，避免因误判而导致的策略失误。

将渐进式让步与其他让步策略进行比较，可以发现其独特的优势。相较于一次性大幅让步，渐进式让步能够更好地控制谈判节奏，避免因过快达成协议而造成的后续风险。此外，与硬性立场策略相比，渐进式让步在维护谈判关系方面也更具优势，因为它体现了谈判者的灵活性和合作意愿。这种策略的多样性使其在实际应用中具有广泛的适用性。

（二）交换式让步

交换式让步旨在通过双方的利益交换以达成协议。在这种策略中，谈判双方通过互相妥协来实现各自的目标。交换式让步的核心在于不仅关注自身的利益，还要考虑对方的需求，通过交换满足双方的部分利益，达到双赢的效果。这种策略在谈判中不仅促进了双方的理解与合作，还可以有效缩短谈判的时间，提高谈判的效率。

交换式让步是指在谈判过程中，双方通过互相交换让步来达成协议的一种策略。其基本原则包括对等性、互利性和可持续性。对等性要求双方的让步在价值上相对对等，避免出现一方过度让步而另一方获利过多的情况。互利性强调在交换过程中双方都能获得一定的利益，从而提高谈判的满意度。可持续性则要求交换的结果能够长期保持，避免短期利益损害长期合作关系。在实际应用中，谈判者需要灵活运用这些原则，以确保谈判的成功。

识别和评估对方的让步意图是实施交换式让步的关键。谈判者可以通过观察对方的言辞、行为和谈判策略来判断其让步的真实意图。首先，关注对方在谈判中的立场变化，尤其是对关键问题的态度转变。其次，通过询问和倾听来获取更多信息，以便更好地理解对方的需求和底线。最后，可以借助历史数据和谈判记录，分析对方过去的谈判行为模式，从而更准确地评估其让步意图。这些方法有助于谈判者作出更明智的决策。

在实施交换式让步时，谈判者需要掌握一定的策略与技巧，以确保让步的有效性。首先，应明确自身的底线和可让步的范围，这样才能在谈判中保持主动权。其次，利用信息不对称，通过控制信息的披露来影响对方的判断。最后，可以通过设定优先级，将重要的让步与次要的利益进行交换，确保自身核心利益不受损害。在具体操作中，谈判者还可以通过提出替代方案，增加谈判的灵活性和选择性，从而提高谈判的成功率。

交换式让步不仅是实现谈判目标的手段，也是维护谈判双方关系的重要工具。在国际商务谈判中，关系的长期维护对于实现持续合作至关重要。通过交换式让步，谈判者可以在满足自身利益的同时，尊重和满足对方的需求，从而增强双方的互信和合作意愿。这种互惠互利的方式有助于建立长期稳定的合作关系，避免因单方面利益追求而导致的关系破裂。因此，谈判者在应用交换式让步时，应充分考虑其在关系维护中的作用。

在多方谈判中，交换式让步的应用需要特别注意协调和沟通。由于涉及多方利益，谈判者需要在不同利益方之间找到平衡，以确保各方都能接受让步方案。首先，明确各方的核心利益和底线，确保让步方案能够满足多方的基本需求。其次，加强沟通，通过透明的信息交流和开放的对话，减少误解和分歧。此外，谈判者还应具备灵活性，能够根据谈判进展调整策略，以应对不断变化的谈判局势。这些注意事项有助于在复杂的多方谈判中成功应用交换式让步。

（三）战略性让步

战略性让步的定义与目的在于通过有计划的让步来实现长远利益，而不是仅仅关注短期的得失。这种策略强调谈判者在谈判过程中对整体目标的把握，通过适时的让步来引导谈判的进程。战略性让步不是为了妥协，而是为了在未来的合作中建立信任和良好的关系。因此，谈判者需要在谈判前对自身的目标和对方的需求有清晰的认知，以便在谈判中作出最优的决策。

识别关键时刻进行战略性让步是谈判成功的关键之一。在谈判过程中，谈判者应当敏锐地捕捉对方的需求和期望，并在适当的时机作出让步，以最大化对方的满意度并促进达成协议。这需要谈判者具备良好的洞察力和判断力，能够准确判断何时是进行战略性让步的最佳时机。通过这样的方式，谈判者不仅能够提高谈判的成功率，还可以为后续的合作打下坚实的基础。

制定让步的优先级是战略性让步的重要步骤之一。在谈判中，谈判者需要明确哪些问题是核心利益所在，哪些问题可以灵活处理。通过优先级的设定，谈判者能够确保在重要问题上保持坚定，而在次要问题上灵活应对。这种策略不仅能够有效保护自身的核心利益，还能通过适当的让步来换取对方在其他问题上的妥协，从而实现谈判的双赢局面。

利用战略性让步作为谈判中的筹码，可以显著增强自身在后续谈判中的议价能力。在谈判过程中，谈判者可以通过让步来引导谈判的方向，甚至可以利用让步来测试对方的底线和真实需求。这种策略要求谈判者具备良好的谈判技巧和心理素质，能够在复杂的谈判环境中灵活应对变化，从而在谈判中占据主动地位。

评估对方的反应与需求是调整战略性让步的重要依据。在谈判过程中，谈判者需要时刻关注对方的反应，并根据对方的反馈及时调整战略性让步的方向与幅度。这种动态调整不仅能够维护谈判的平衡，还能有效避免谈判陷入僵局。通过不断的评估与调整，谈判者能够在谈判中保持灵活性与主动性，从而更好地实现谈判目标。

三、议价过程中的信息交换策略

（一）信息披露策略

有效的信息披露可以增强谈判双方的理解与信任，但不当的信息披露可能导致谈判失败。信息披露策略的核心在于如何在谈判中合理分享信息，以便在不损害己方利益的情况下，最大化地获取对方的合作。信息披露不是简单地提供数据或事实，而是要通过策略性的信息分享来影响对方的决策和态度。

信息披露是指在谈判过程中，谈判一方向另一方提供与谈判相关的信息。这些信息可以是有关产品、价格、市场、公司政策等方面的内容。信息披露的重要性在于它能够影响谈判的进程和结果。通过适度的信息披露，谈判者可以建立信任，减少不确定性，从而为谈判的顺利进行奠定基础。信息披露需要考虑到谈判的背景、对方的需求以及双方的谈判目标。

在谈判初期，适度的信息披露有助于建立信任关系。信任是成功谈判的基石，而适度的信息披露可以让对方感受到诚意和透明度。通过分享一些非关键但有价值的信息，谈判者可以降低对方的戒备心理，促使对方更愿意进行开放的沟通。这种策略不仅可以为后续的谈判创造良好的氛围，还可以帮助谈判者更好地了解对方的需求和意图。

信息披露的时机选择至关重要。在谈判的不同阶段，信息披露的策略可能需要调整。在谈判初期，适度的信息披露有助于建立信任，而在谈判中期或后期，信息披露则需要更加谨慎，以避免泄露己方的战略意图。谈判者应根据谈判的进展、对方的反应以及谈判的紧迫性来调整信息披露的策略，以确保谈判的优势地位。

（二）信息获取技巧

在国际商务谈判中，信息获取技巧至关重要，直接影响到谈判的成败。有效的提问技巧是获取信息的关键，通过精心设计的问题，可以引导对方分享更多信息，确保获取关键数据和见解。这种技巧不仅需要对谈判主题的深刻理解，还需要对对方心理的准确把握。通过开放式提问，引导对方展开详细的讨论，进而获得更多潜在的信息。在这一过程中，谈判者需要灵活运用语言，避免使对方产生防御心理，从而促使信息的自然流动。

观察对方的非语言行为是信息获取的另一重要途径。在谈判过程中，肢体语言和面部表情常常透露出对方未曾言明的态度和情绪。通过对这些非语言信号的敏锐捕捉，可以提升信息获取的准确性。谈判者需具备高超的观察能力，能够在对方的微表情和肢体动作中发现隐藏的信息。这种技巧需要长期的经验积累和对人类行为的深刻理解，以便在谈判桌上迅速作出反应，调整策略。

利用第三方信息源也是增加谈判筹码的重要方式。行业报告和市场研究能为谈判者提供丰富的背景信息，填补谈判中的信息缺口。这些外部信息不仅可以验证对方提供的数据，还可以为谈判者提供新的视角和思路。在信息爆炸的时代，谈判者必须具备快速筛选和分析信息的能力，以便在海量信息中提取对自己有利的部分，从而在谈判中占据主动地位。

建立良好的关系网络，通过人际关系获取背景信息和内幕消息，是信息获取的一项长期策略。有效的关系网络能够为谈判者提供可靠的信息流通渠道，促进信息的有效流动。在国际商务环境中，跨文化的交流和沟通尤为重要。通过建立和维护广泛的关系网络，谈判者能够获取更为全面和深入的背景信息，从而在谈判中作出更为明智的决策。

分析对方的历史谈判记录，有助于识别其谈判风格和偏好。这一分析过程能够帮助谈判者制定更有针对性的获取策略。通过对过往谈判记录的研究，谈判者可以总结出对方的谈判规律和策略偏好，从而提前做好准备，避免在谈判中处于被动地位。这种历史分析不仅需要对数据的敏锐洞察，还需要对谈判情境的综合评估，以便在未来的谈判中占据有利地位。

（三）信息误导与防范

信息误导与防范是谈判者必须重视的环节，了解对方可能采用的误导手段，能够有效提高谈判的警觉性。常见的误导手段包括虚假陈述、夸大事实和选择性披露等。虚假陈述指的是对事实的故意歪曲或捏造，而夸大事实则是对信息的过度放大，选择性披露则是只提供有利于己方的信息。这些手段的识别需要谈判者具备敏锐的洞察力和丰富的谈判经验。

为了有效防范信息误导，建立信息验证机制是至关重要的。通过多渠道交叉核实信息的真实性，可以大大减少误导风险。谈判者应当从多个来源获取信息，并进行对比分析，以确保信息的准确性和完整性。信息验证机制的建立不仅需要技术手段的支持，还要求谈判者具备一定的专业知识和判断能力，能够从复杂的信息中提取出真实的部分。

在谈判过程中，保持批判性思维是防范信息误导的关键。谈判者需要时刻分析信息的来源与目的，避免盲目接受对方提供的信息。批判性思维要求谈判者不轻信任何未经证实的信息，并对信息的逻辑性和一致性进行仔细分析。这种思维方式不仅有助于识别虚假信息，还能帮助谈判者更好地理解对方的真实意图，从而制定更为有效的谈判策略。

运用专业知识和行业经验，评估信息的一致性与合理性，是判断信息真实性的重要手段。谈判者应当结合自身的专业背景，分析信息是否符合行业惯例和逻辑。通过评估信息的一致性，谈判者可以识别出不合理的信息，从而避免因误导而作出错误的决策。这种方法不仅提高了信息筛选的有效性，还增强了谈判者在复杂谈判环境中的应对能力。

四、让步时机的选择与判断

（一）辨识对方底线与立场变化

观察对方的表情和肢体语言是识别其情绪变化的有效方法，这些非语言线索能够揭示对方在谈判中可能隐藏的真实意图和立场的变化。通过细致的观察，谈判者可以捕捉到对方在某些议题上可能表现出的不安或犹豫，从而推测其底线的潜在调整。这种技巧不仅需要敏锐的观察力，还需要对文化差异的深刻理解，因为在不同文化背景下，表情和肢体语言的含义可能存在显著差异。

询问技巧在辨识对方底线变化中同样发挥着重要作用。通过提出开放性问题，谈判者可以引导对方更全面地表达其意图和需求。这种策略不仅有助于获取更多信息，还能在不直接对抗的情况下，探究对方的真实立场。例如，询问“您认为在这个议题上还有哪些可能的解决方案?”可以促使对方透露更多关于其底线的信息。这种技巧需要谈判者具备良好的沟通能力和倾听技巧，以便在对话中捕捉对方的言外之意。

分析对方在谈判中的让步频率和幅度也是判断其底线变化的关键方法。通过对让步行为的观察，谈判者可以评估对方对关键议题的重视程度。例如，如果对方在某一议题上频繁让步，且幅度较大，这可能表明该议题并非其底线所在。相反，若对方在某一议题上坚持不让步，则可能表明该议题对其至关重要。谈判者需要在整个谈判过程中持续关注这些动态，以便在适当时机作出策略调整。

（二）把握谈判气氛与情绪走势

谈判气氛通常由参与者的情绪状态、谈判进展以及外部环境等多种因素共同影响。通过观察非语言信号如肢体语言和面部表情，谈判者可以更好地判断对方的情绪状态。肢体语言，如手势、姿势和身体倾斜度，往往能传达出对方的真实感受，而面部表情则可以揭示对方的即时情绪反应。通过这些观察，谈判者可以在必要时调整谈判策略，从而更有效地应对谈判中的变化。

为了营造积极的谈判氛围，谈判者可以通过适时的幽默和轻松的交流来降低紧张感。幽默在某种程度上可以缓和紧张的气氛，使双方在轻松的环境中更愿意开放地交流。此外，轻松的交流方式也有助于建立信任，这对于促进双方的合作意愿至关重要。在谈判过程中，适时的幽默不仅能缓解压力，还能创造一个更具建设性的对话环境，从而为达成共识奠定基础。

识别并利用谈判中的关键时刻是谈判者的一项重要技能。在谈判中，对方可能会表现出犹豫或不安的迹象，这些都是潜在的关键时刻。此时，谈判者可以适时提出让步，以推动谈判的进展。关键时刻的识别需要敏锐的观察力和丰富的经验，只有在适当的时机作出让步，才能有效地促进谈判的成功。这样的策略不仅能增强谈判者的谈判地位，还能增加双方达成共识的可能性。

（三）结合议题进展进行让步

通过对议题进展的深入分析，谈判者可以在适当的时机作出适当让步，从而在谈判桌上保持主动权。根据议题的重要性，谈判者需要在关键议题上保持强硬立场，而在次要议题上则可以适当让步，以此来促进谈判的整体进展。这种策略不仅能确保谈判者在核心问题上保持优势，还能通过灵活调整让步幅度，提高谈判的效率。通过这种方式，谈判者能够有效地管理谈判节奏，确保最终达成的协议最大化符合自身利益。

在谈判过程中，不同阶段对议题的关注程度可能会有所不同，因此，灵活选择让步的时机显得尤为重要。谈判者需要密切关注对方在每个阶段对特定议题的反应与反馈，以此为依据，判断何时进行让步最为合适。通过这种方式，谈判者不仅能最大化对方的满意度，还能有效推动协议的达成。选择合适的让步时机，不仅是一种技巧，也是一种艺术，需要谈判者具备敏锐的洞察力和灵活的应对能力。

在进行让步时，谈判者还应利用对方在议题讨论中的反应和反馈，实时评估其对让步的接受程度。这种评估不仅能帮助谈判者制定更为精准的让步策略，还能为后续的谈判步骤提供重要参考。通过对反馈信息的分析，谈判者可以调整让步策略，以确保每次让步都能为谈判进程带来积极影响。这种动态的策略调整，不仅能提高谈判的成功率，还能为双方创造更大的合作空间。

第三节　磋商中的心理战术

一、谈判中的心理博弈技巧

（一）心理优势的建立

心理优势不仅能够增强谈判者的自信心，还能使其在谈判过程中占据主动地位。通过充分的准备和模拟谈判场景，谈判者可以有效提高自身的谈判能力。模拟谈判不仅有助于熟悉谈判流程，还能帮助识别潜在的谈判障碍，从而在实战中更好地应对。通过这种方式，谈判者能够在心理上做好充分准备，面对各种谈判局面时游刃有余。

建立心理优势的另一重要策略是利用对方的心理弱点。在谈判过程中，识别对方的不安和犹豫是至关重要的。通过适当的策略施加心理压力，可以迫使对方作出让步。例如，在对方表现出犹豫不决时，谈判者可以通过提出有利于己方的条件来加速对方的决策过程。这种策略要求谈判者具备敏锐的观察力和良好的心理素质，以便在适当时机施加压力，取得理想的谈判结果。

创造积极的谈判氛围也是建立心理优势的重要手段之一。运用幽默和轻松的交流方式，可以有效降低对方的防备心理，增加合作的可能性。在国际商务谈判中，双方往往因文化差异而产生误解，此时通过幽默的方式化解紧张气氛，不仅能拉近双方距离，还能为谈判创造更为融洽的环境。积极的氛围有助于双方更开放地交换意见，进而达成共识。

运用权威性策略，通过展示专业知识和经验，可以显著增强谈判中的说服力和影响力。谈判者在展示自身专业能力时，能够有效提升在对方心目中的权威性，从而在谈判中占据心理优势。例如，通过引用相关数据和案例，谈判者可以增强论点的可信度，增加对方的认同感。这种策略不仅能提升谈判者的自信心，还能影响对方的决策过程，有助于谈判目标的实现。

（二）认知偏差的利用

通过识别和利用对方的认知偏差，谈判者可以在谈判过程中占据更有利的位置。认知偏差是指人们在信息处理和决策过程中所表现出的系统性偏差，这些偏差可以影响谈判者的判断和决策。通过对这些偏差的深刻理解，谈判者可以在谈判中实施巧妙的策略，从而增强自身的谈判能力。

利用锚定效应是谈判中常用的一种策略。在谈判的初始阶段，提出一个高或低的初始报价，可以有效地影响对方对后续让步的评估和期望。这种策略通过设定一个锚点，引导对方的思维方向，使其在评估后续提议时倾向于围绕这个锚点进行调整。通过这种方式，谈判者可以为自身争取到更有利的条件，并在谈判过程中掌握主动权。

运用损失厌恶理论是另一种有效的心理战术。损失厌恶理论指出，人们对损失的敏感程度通常高于对收益的敏感程度。在谈判中，通过强调潜在的损失而非收益，谈判者可以使对方感受到不妥协可能带来的损失。这种策略能够有效地推动对方作出让步，因为对方往往更愿意避免损失，而不是追求额外的收益。

框架效应的利用也是谈判中的重要策略。通过不同的表述方式重新定义问题，可以影响对方对方案的看法和选择。谈判者可以通过调整信息的呈现方式，使对方在理解和评估方案时产生不同的感受，从而增加达成共识的可能性。这种策略通过改变问题的框架，重新塑造对方的认知，从而达到谈判目的。

确认偏差的利用则是通过提前提供支持自身立场的信息，促使对方在后续谈判中倾向于接受这些信息。在谈判中，谈判者可以通过提供有利于自身立场的证据和论据，增强对方对这些信息的认可度。这种策略能够增强谈判者的议价能力，使对方更容易接受自身的提议和条件。

（三）心理防御策略

识别并理解对方的心理战术是制定有效防御策略的基础。谈判者需要具备敏锐的观察力和分析能力，能够在谈判过程中识别对方可能使用的心理战术，如恐吓、诱导或情感操控等。通过对这些战术的识别，谈判者可以提前制定应对策略，避免在谈判中被动应对。这种策略不仅保护了谈判者自身的利益，也为谈判的成功奠定了基础。

在谈判中保持情绪稳定是心理防御策略的重要组成部分。情绪的过度反应往往会被对方利用，成为其施加心理压力的机会。因此，谈判者需要在谈判过程中保持冷静和理智，避免情绪化的表现。通过控制自己的情绪，谈判者可以在心理上保持主动，不轻易被对方的言辞或行为所影响。这种情绪管理能力不仅有助于提高谈判的有效性，也能增强谈判者的自信心和专业形象。

信息的保密性在谈判中至关重要。控制信息的披露可以防止对方获取过多的优势信息，从而在谈判中占据主动地位。谈判者应当谨慎对待信息的共享，确保只披露必要的信息，以维护自身的谈判地位。同时，信息保密也涉及对团队内部信息的管理，确保团队成员在谈判中保持一致的立场和策略。这种信息控制策略不仅是对谈判者个人能力的考验，也是对团队协作能力的检验。

建立清晰的谈判框架和界限是防止谈判偏离目标的有效手段。谈判者需要在谈判开始前明确自己的底线和目标，并在谈判过程中始终坚持这些原则。通过设定明确的框架，谈判者可以有效避免在谈判中被对方的策略所左右，确保谈判结果符合自身的利益期望。这种策略不仅有助于维护谈判的方向性，也能增强谈判者在谈判中的信心和掌控力。

二、谈判压力管理与心理调适

（一）压力源的识别

谈判压力的来源多样且复杂，首先需要识别的是外部压力源。这些外部因素包括时间限制、市场竞争以及经济环境的变化等，这些因素不仅直接影响谈判的进程，还可能对决策和谈判策略的制定产生重大影响。例如，时间限制常常迫使谈判者在有限的时间内作出重要决策，而市场竞争和经济环境的变化则可能导致谈判者在制定策略时必须考虑更多不确定性因素。这些外部压力源要求谈判者具备快速反应和灵活调整策略的能力，以便在谈判中保持主动。

除了外部压力源，内部压力源同样对谈判者的心理状态和表现产生深远影响。内部压力源主要包括自我期望、团队目标和个人情绪等因素。自我期望往往使谈判者在追求完美和成功的过程中感受到巨大的压力，而团队目标则可能在谈判者与团队之间形成一定的紧张关系。此外，个人情绪（如焦虑和压力）也会在谈判中显现出来，影响谈判者的判断和决策能力。因此，谈判者需要学会识别和管理这些内部压力源，以确保在谈判中保持冷静和理性。

在谈判过程中，对方施加的压力也是不可忽视的因素。对方可能通过强硬立场、情绪反应和特定的谈判风格来施加压力，这些策略可能会对谈判者的心理状态和策略选择产生影响。谈判者需要敏锐地识别对方的这些战术，并制定相应的应对策略，以避免在谈判中处于不利地位。例如，面对对方的强硬立场，谈判者可以通过调整自身的沟通方式和策略来化解对方施加的压力。

谈判过程中突发事件的出现往往会增加不确定性和压力。例如，意外的信息披露或对方策略的突然变化，可能会打乱原有的谈判计划，增加谈判的复杂性。谈判者需要具备快速适应和调整的能力，以应对这些突发事件带来的挑战。同时，评估这些突发事件对谈判的潜在影响，有助于谈判者在谈判中保持灵活性和应变能力。

识别个人在谈判中的心理防御机制也是压力管理的重要环节。焦虑、恐惧或过度自信等心理防御机制，会对谈判者的决策和谈判结果的判断产生影响。谈判者需要通过自我反思和心理调适，识别并克服这些心理防御机制，以确保在谈判中作出明智的决策。通过对压力源的全面识别和管理，谈判者可以在复杂多变的谈判环境中保持心理平衡，从而提高谈判的成功率。

（二）心理调适方法

谈判者常常面临高压环境，如何有效地进行心理调适是成功的关键因素之一。运用深呼吸技巧是常见而有效的方法之一，在谈判前或过程中进行几次深呼吸，有助于缓解紧张情绪，使谈判者保持冷静和专注。这一技巧通过调节自主神经系统，降低生理紧张反应，从而帮助谈判者在压力下保持清晰的思路和判断力。

设定合理的期望值也是心理调适的重要策略。明确谈判目标，避免对结果的过度焦虑，可以有效减轻心理负担。谈判者在设定期望时，应综合考虑谈判的复杂性和不确定性，保持灵活性和适应能力。这种心态不仅能增强自信心，还能帮助谈判者在面对突发状况时，采取更为稳健的应对策略，从而提高谈判的成功率。

积极的自我暗示是另一种提升心理韧性的有效方法。通过积极的语言鼓励自己，谈判者可以培养正向思维，增强应对挑战的能力。自我暗示不仅能提高个人的心理承受力，还能在谈判过程中保持积极的态度。正向思维的培养，有助于谈判者在面对困难时，依然能够保持乐观和积极的心态，从而在谈判桌上展现出更强的竞争力。

与团队成员进行有效沟通，分享彼此的心理感受，是建立支持网络的重要途径。团队的力量可以帮助谈判者共同应对谈判压力。通过沟通，团队成员能够互相理解和支持，形成合力，增强整体的谈判能力。这种支持网络不仅能缓解个体的压力，还能提高团队的协作效率，使谈判过程更加顺畅和高效。

三、对手心理状态的识别与利用

（一）识别对手的情感和情绪波动

通过观察对手的面部表情变化，如微笑、皱眉或其他情感反应，可以判断其内心的真实感受和态度。这种观察不仅限于简单的喜怒哀乐，还包括更细微的情感变化，如微笑可能并不总是代表友好，皱眉也不一定意味着不满。对手的面部表情常常是其内心活动的直接反映，因此，谈判者需要具备敏锐的观察力和丰富的表情解读经验，以便在谈判中占据心理优势。

在谈判过程中，语调的变化也是识别对手情绪状态的重要线索。对手的语调高低和情感色彩可能反映出其紧张、兴奋或不安等情绪状态。例如，语调的突然升高可能意味着对某一议题的强烈关注或情感波动，而语调的低沉则可能暗示对某一问题的冷淡或不满。谈判者需要在对话中仔细捕捉这些细微的语调变化，以便更准确地判断对手的心理状态，从而调整自己的谈判策略。

肢体语言是另一种识别对手情感和情绪波动的有效工具。通过分析对手的身体姿势、手势和眼神接触，谈判者可以识别其对谈判内容的接受程度和情感倾向。例如，身体向前倾可能表示感兴趣和想参与，而双臂交叉则可能意味着防御或拒绝。眼神接触的频率和持续时间也能揭示对手的自信程度和情感状态。谈判者应注意这些肢体信号，以便在谈判中作出更为精准的判断和反应。

倾听对手的言语选择和措辞也是理解其潜在情绪的重要途径。对手使用的消极词汇可能表明其对某一议题的不满或抵触，而积极的措辞则可能表示赞同或兴趣。谈判者应善于捕捉这些语言细节，通过对语言内容的分析，进一步理解对手的情感倾向和心理状态，从而在谈判中作出更有针对性的应对策略。

（二）解读对手的行为动机

通过分析对手在谈判中的目标和期望，可以更好地理解其行为背后的原因。这种理解不仅有助于预测对手的下一步行动，还能帮助制定更有效的谈判策略。对手的行为动机往往受到多种因素的影响，包括其所代表的组织利益、个人利益，以及外部环境的压力。解读这些动机需要具备敏锐的观察力和分析能力，以便在谈判中占据主动地位。

分析对手的决策动机要求深入了解其在谈判中的目标和期望。对手的决策动机往往反映了其在谈判中所追求的最终结果，包括经济利益、市场份额和战略合作关系等。通过对这些动机的分析，可以推测出对手在谈判中可能采取的策略和手段。此外，这种分析还能够帮助识别对手在谈判中可能出现的让步和妥协点，从而为己方的谈判策略提供重要的参考依据。

识别对手在谈判中表现出的风险偏好是解读其行为动机的另一关键环节。通过评估对手对风险的承受能力，可以判断其在谈判中作出让步和妥协的可能性。一般而言，风险承受能力较低的对手在谈判中更倾向于保守策略，而风险偏好较高的对手则可能采取更激进的谈判手段。了解对手的风险偏好不仅有助于预测其行为，还可以帮助调整自身的谈判策略，以应对可能出现的挑战。

关注对手的情感需求同样是解读其行为动机的重要方面。在谈判中，对手的情感需求，如安全感、认可和尊重，往往在其决策过程中扮演着重要角色。理解这些情感需求能够更好地预测对手的行为反应，并在谈判中采取相应的策略来满足其需求，从而促进谈判的顺利进行。对手的情感需求不仅影响其谈判风格，还可能成为己方在谈判中争取优势的重要突破口。

分析对手的历史谈判记录是解读其行为动机的有效方法之一。通过研究对手以往的谈判风格和偏好，可以推测其在当前谈判中的可能策略。这种分析需要收集和整理对手在过去谈判中的表现数据，并对其进行综合评估。历史谈判记录不仅能够揭示对手的谈判习惯，还可以帮助识别其在谈判中可能表现出的弱点和优势，从而为己方的谈判策略提供有价值的参考。

（三）基本需求与心理偏好的分析

基本需求分析的重要性在于，它帮助谈判者理解对方在谈判中的核心需求。这种理解不仅有助于制定策略，还能在谈判中建立更深层次的信任关系。通过深入分析对方的基本需求，谈判者可以精准地识别出哪些是对方在谈判中最看重的因素，从而在策略制定中优先考虑这些因素，以提高谈判的成功率。

心理偏好的识别是另一个重要的方面。通过仔细观察对方的言语和行为，谈判者可以推测出对方在谈判中的偏好和倾向。这种识别过程要求谈判者具备敏锐的观察力和洞察力，以便在谈判过程中灵活调整策略。心理偏好不仅影响对方的决策过程，还可能在无意识中透露出其谈判风格和策略，这为谈判者提供了宝贵的信息，帮助他们在谈判中占据主动地位。

基本需求与心理状态之间的关联是谈判者可以利用的另一个优势。通过将基本需求转化为谈判中的优势，谈判者可以增强自身的议价能力。这一过程涉及对对方需求的深刻理解，并能够在谈判中巧妙地将这些需求作为谈判筹码。通过这种方式，谈判者可以在谈判桌上取得更有利的地位，并推动谈判朝着有利于己方的方向发展。

分析对方需求层次是利用马斯洛需求层次理论识别对方在不同层次上的需求。通过这种分析，谈判者可以更好地满足对方的期望，从而提高谈判的成功率。了解对方的需求层次不仅有助于谈判者在谈判中优先满足对方的高层次需求，还能通过满足基础需求来建立信任和合作关系，这对于长期的商务合作尤为重要。

四、谈判中情绪控制与引导策略

（一）自我情绪管理

识别并记录自己的情绪变化能够帮助谈判者在磋商过程中及时反思和调整心态。通过这种方法，谈判者可以保持冷静与理智，避免因情绪波动而导致的决策失误。记录情绪变化不仅有助于了解自身的情绪触发点，还能为未来的谈判提供宝贵的反思材料，从而不断优化自我情绪管理的策略。

运用深呼吸等放松技巧是谈判者在紧张时刻恢复平静的一种有效方法。这些技巧能够增强自我控制能力，使谈判者在面对压力时仍然能够保持清晰的思路和冷静的判断。深呼吸通过调节生理反应，减缓心率和降低血压，从而帮助谈判者在情绪高涨时迅速恢复平衡。这种生理上的放松反过来又能促进心理上的平静，形成良性循环。

设定合理的期望值是避免在谈判中产生过度焦虑的重要措施。谈判者在进入谈判前，应对可能的结果进行全面评估，并设定切合实际的期望值。这种预设不仅能增强谈判者的自信心，还能减少因结果不如预期而产生的失望感。合理的期望值有助于谈判者在面对不确定性时，保持积极的心态和灵活的应对策略，从而提高谈判的成功率。

积极的自我暗示是培养正向思维和提升心理韧性的有效方法。在谈判中，谈判者经常需要面对不确定性和压力，通过积极的自我暗示，可以提高自身的心理承受能力。正向思维能够帮助谈判者在面对困难时保持乐观，增强解决问题的信心和毅力。心理韧性不仅体现在对压力的承受能力上，还体现在面对失败时的反弹力上，这对于长期的谈判工作尤为重要。

（二）对手情绪引导

通过积极的语言和肢体语言传达信任，可以有效消除对手的防备心理。信任是谈判中建立合作关系的基础，通过言语上的肯定和肢体语言的开放姿态，谈判者能够传递出友好和诚意的信息，从而引导对手的情绪朝向合作的方向发展。这样不仅能够减少对抗情绪，还能为谈判创造更为和谐的氛围，有助于达成共识和协议。

幽默和轻松的交流氛围在谈判中同样起着重要作用。适度的幽默可以缓解谈判中的紧张气氛，使对手感到轻松和自在。在轻松的环境中，对手更容易放下戒备，增强谈判的友好性。这种氛围有助于双方在互相理解的基础上进行更为开放的交流，减少误解和冲突的发生，从而为谈判的顺利进行奠定基础。

在谈判过程中，适时给予对手积极的反馈，可以有效地肯定对手的观点和贡献。这种肯定不仅能够增强对手的自信心，还能促使其更愿意接受妥协。通过积极的反馈，谈判者能够建立一种互相尊重和认可的关系，使对手感受到自己的价值，从而更愿意在谈判中作出让步。这种策略对于维持谈判的积极性和建设性具有重要意义。

通过适度的情感共鸣，分享相关的经历或故事，可以建立与对手的情感链接。在谈判中，情感链接能够使对手更容易理解并接受提出的建议。通过展示相似的经历或情感，谈判者能够缩短与对手之间的心理距离，使对手产生共鸣和认同感。这种情感上的链接可以促进双方更为顺畅的沟通，从而提高谈判的效率。

利用时间和节奏的控制是引导对手情绪的重要技巧。在谈判中，适时调整谈判进程，创造出积极的情绪波动，可以促使对手在关键时刻作出让步。通过对时间的把握和节奏的调控，谈判者能够在谈判的不同阶段营造出不同的情绪氛围，从而影响对手的决策和行为。这种策略需要谈判者具备敏锐的观察力和灵活的应变能力，以便在谈判中有效地引导对手的情绪。

（三）情绪化谈判的应对

情绪化谈判的应对需要谈判者具备良好的情绪识别和控制能力。通过深呼吸或短暂的休息，谈判者可以在情绪波动时保持冷静，避免因情绪化反应而作出不理智的决策。情绪的识别与控制不仅有助于维护自身的谈判立场，还能有效地减少因情绪失控而导致的谈判僵局。

使用情感共鸣技巧是应对情绪化谈判的另一有效策略。通过分享与对方相关的经历，谈判者能够在情感层面建立起信任和理解。这种情感共鸣不仅可以缓解对方的情绪压力，还能在谈判中创造出更为融洽的氛围。通过相互理解和支持，谈判双方能够更容易找到共同利益，从而促进谈判的顺利进行。

积极的语言和肢体动作在情绪化谈判中扮演着重要角色。通过传达开放和友好的态度，谈判者可以有效降低对方的防备心理。在谈判过程中，积极的语言表达和肢体动作能够传递出合作的意愿，从而促进合作氛围的形成。这样的沟通方式不仅有助于化解紧张情绪，还能增强双方在谈判中的情感链接。

设定谈判的节奏并适时引导对方的情绪变化，是推动谈判向积极方向发展的有效手段。通过正向反馈，谈判者能够激励对方，使其在谈判中保持积极的态度。合理的节奏安排可以避免情绪的过度波动，从而确保谈判的顺利进行。通过情绪的引导和控制，谈判者可以在谈判中占据主动地位，并有效推动谈判目标的实现。

第五章　国际商务谈判成交策略与技巧

第一节　识别成交信号与时机

一、成交信号的分类

（一）言语信号：客户的直接表述

言语信号通常通过客户的直接表述来体现。客户对产品或服务的明确需求表达，往往是成交信号的初步显现。例如，当客户说“我需要这种产品的详细报价”时，这表明客户对产品有一定的兴趣和需求，谈判者应抓住这一信号，及时提供详细报价，以推动谈判进程。类似地，对手在谈判中提出的具体条件，如“如果你能降低价格，我就能立即签约”，则意味着对手已经接近达成协议的边缘，谈判者可以通过适当的让步或调整策略来促成交易的最终达成。

客户对合作意向的积极反馈也是重要的言语信号之一。例如，“我们非常看好这个合作机会”这样的表述，显示了客户的兴趣和合作意愿。在这种情况下，谈判者应进一步探讨合作的具体细节，以巩固合作基础。与此同时，对手对某项条款的认可与接受，如“这个条款我们可以接受，只需稍作调整”，表明对手在这一条款上已经达成共识，只需在细节上进行微调即可。在这种情况下，谈判者应集中精力解决剩余分歧，以加快谈判进程。

客户询问后续步骤或时间框架，如“我们什么时候可以开始合作?”则是明确的成交信号，表明客户已经做好了合作准备。此时，谈判者应迅速回应，提供详细的合作计划和时间安排，以确保谈判顺利进入执行阶段。通过准确解读这些言语信号，谈判者能够更有效地把握成交时机，推动谈判进程朝着利己的方向发展。

（二）行为信号：非言语的肢体语言

通过观察客户的肢体语言，谈判者可以更准确地判断客户的态度和意图。客户在谈判过程中频繁点头是一个典型的行为信号，通常表示客户对谈判内容的认可和理解。这种非言语的表达方式，虽然简单，却能够有效传递出客户对所讨论事项的接受程度。频繁点头不仅是对谈判者观点的简单附和，更是客户内心态度的外在表现，提示谈判者可以深入推进某些议题。

客户的身体前倾姿势也是一个重要的肢体信号，显示出客户对讨论内容的高度关注和兴趣。这种姿势通常意味着客户对所谈论的主题产生了浓厚的兴趣，并愿意进一步了解细节。身体前倾不仅反映出客户的好奇心和投入感，也暗示客户可能对谈判的某些方面持积极态度。对于谈判者而言，识别出这一信号，可以适时调整谈判策略，提供更多信息或作出更具吸引力的提议。

在谈判中，客户表现出开放的手势，如双手摊开、手掌向上等，传达出友好和合作的意愿。这些开放的手势通常是客户愿意接受建议或妥协的信号，表明他们对谈判的进展持积极态度。开放的手势不仅是对谈判者的尊重和信任的表现，也为谈判的顺利进行创造了良好的氛围。谈判者可以借助这些信号，适时提出更具建设性的建议，以推动谈判朝着有利的方向发展。

客户在谈判时保持眼神接触，是表明对谈判的重视和诚意的重要信号。眼神接触不仅是基本的礼貌，也是客户对谈判内容认真倾听和思考的体现。通过眼神交流，客户与谈判者之间建立起一种无声的信任关系，这种信任关系有助于谈判的顺利进行。对于谈判者而言，保持适度的眼神接触，不仅能够增强双方的沟通效果，还能更好地理解客户的真实需求和期望。

在谈判过程中，客户表现出放松的姿态，如双手放松、身体后仰等，通常表明他们对当前谈判进展感到满意。这种放松的姿态意味着客户对谈判内容和过程感到舒适和信任，是谈判者可以利用的积极信号。放松的姿态不仅减少了谈判中的紧张感，也为双方创造了一个更加轻松的交流环境。谈判者可以在此基础上，进一步巩固谈判成果，确保最终达成双方满意的协议。

二、识别成交信号的关键要素

（一）信号的明确性与模糊性

成交信号的明确性能够直接指向客户的需求，减少双方的沟通成本。明确的信号通常伴随具体的行动计划，如签署合同或制定时间表，这不仅显示出客户的决心，也为谈判者提供了一个清晰的行动路径。通过识别这些明确信号，谈判者能够迅速调整策略，以满足客户的需求，从而推动谈判进程。明确信号的识别需要谈判者具备敏锐的洞察力和丰富的经验，以便在复杂的谈判环境中抓住稍纵即逝的机会。

然而，谈判过程中也常常会遇到模糊的成交信号，这可能导致误解，进而影响谈判的顺利进行。模糊信号通常缺乏具体的行动指引，可能需要通过进一步询问来确认客户的真实意图。对于谈判者来说，识别和处理模糊信号是一项挑战，需要具备良好的沟通技巧和耐心。通过有效的询问和沟通，谈判者可以澄清模糊信号背后的真实含义，从而避免在谈判中出现不必要的障碍。这一过程不仅有助于建立信任关系，还能确保谈判双方在同一基础上展开合作。

在实践中，明确的成交信号往往是谈判成功的关键，识别这些信号的能力可以帮助谈判者及时把握机会，推动谈判朝着成功的方向发展。明确信号通常伴随着具体的行动承诺，如客户表现出对谈判条款的认可，或是对合作细节的积极回应。这些信号为谈判者提供了重要的决策依据，使其能够在适当的时机作出果断的决策。谈判者应注重培养识别明确信号的能力，以便在谈判中占据主动地位，从而实现预期的谈判目标。

模糊信号的存在不可避免，谈判者需要具备灵活的应对策略。模糊信号可能需要更多的解释和澄清，以避免在谈判中出现不必要的障碍。在这种情况下，谈判者应保持开放的态度，积极与客户沟通，以便在模糊信号中挖掘潜在的成交机会。通过有效的沟通和互动，谈判者可以将模糊信号转化为明确的合作意向，从而为谈判的成功奠定基础。识别和处理模糊信号的能力，是谈判者在复杂谈判环境中取得成功的关键因素之一。

（二）信号的出现频率与强度

信号的出现频率通常是判断客户兴趣的直接指标。高频率的成交信号往往揭示了客户对交易产生了浓厚的兴趣，这种情况下，客户可能已经开始在心理上接受交易的各个方面。因此，谈判者在察觉到信号频率增加时，应当迅速调整策略，可能需要加快决策过程，以便在客户热情高涨时达成协议。这样的策略不仅能提高谈判效率，还能有效抓住客户的兴趣点，避免因拖延而导致客户兴趣减弱。

信号的强度同样是评估客户紧迫感的重要因素。强烈的成交信号往往意味着客户希望尽快达成协议，这可能是由于市场需求的变化、竞争对手的压力或内部决策的推动。在这种情况下，谈判者需要敏锐地捕捉到这些强烈信号，并迅速采取行动。这可能包括提出更具吸引力的条件，或是加速谈判进程，以满足客户的紧迫需求。通过有效识别和回应强烈信号，谈判者能够更好地把握谈判的主动权，确保在竞争中占据有利位置。

频繁的积极反馈和询问是客户认真考虑合作的标志。这些反馈和询问不仅表明了客户的兴趣，也展示了他们对谈判内容的关注程度。谈判者在接收到这样的信号时，应当保持积极的沟通，及时回应客户的关切和问题。这种互动不仅有助于维持积极的谈判氛围，还能增强客户的信任感，从而为最终成交奠定基础。通过持续的积极互动，谈判者可以进一步了解客户的需求和期望，为制定更具针对性的谈判策略提供支持。

信号的变化频率是判断谈判进展的重要指标。频繁的信号变化可能暗示客户在考虑不同选项，或是在权衡各种利益之间的取舍。谈判者需要对这些变化保持高度敏感，及时调整谈判策略，以适应客户的动态需求。这种灵活性不仅能够帮助谈判者更好地理解客户的立场，还能在谈判中创造更多的机会和可能性。通过对信号变化的敏锐观察，谈判者能够在复杂的谈判环境中保持清晰的方向感，确保谈判目标的实现。

三、成交时机的判断标准

（一）双方利益诉求的平衡点

明确双方的核心利益和底线是谈判的基础，这不仅有助于双方在谈判过程中保持清晰的方向，还能为达成共识奠定坚实的基础。为了找到共同的利益基础，谈判者需要深入了解对方的核心诉求，确保在谈判中不偏离双方的主要目标。通过这种方式，谈判者可以在谈判的各个阶段中，始终保持对核心利益的关注，从而提高谈判的成功率。

通过有效的沟通，谈判者可以更好地了解对方的需求和期望，从而制订出符合双方利益的方案。沟通不仅是信息的传递，也是理解和共情的过程。谈判者需要具备敏锐的洞察力，识别对方在谈判中透露出的各种信息，包括言语和非言语信号。这些信息可以帮助谈判者更准确地把握对方的真实需求，并据此调整谈判策略，确保谈判方案能够最大程度地满足双方的利益。

在谈判过程中，识别和分析潜在的利益冲突是不可避免的问题。谈判者需要具备一定的分析能力，识别谈判中的潜在利益冲突，并寻找可以妥协的领域以达成共识。在此过程中，谈判者需要保持开放的心态，愿意倾听对方的意见，并在必要时作出适当的让步。通过这样的方式，谈判者可以有效地化解矛盾，找到双方都能接受的解决方案，从而促进谈判的顺利进行。

（二）谈判氛围的紧张与缓和

紧张的谈判氛围可能导致双方沟通不畅，影响信息的有效传递。此时，谈判者需要通过积极的语言和态度来缓解这种紧张感。积极的语言不仅能传递善意，还能有效地降低对方的防御心理，促进双方的理解和共识。在紧张氛围中，谈判者应保持开放的姿态，倾听对方的诉求，以减少误解和冲突的可能性。通过这种方式，谈判者可以为后续的合作创造更有利的条件。

缓和的谈判氛围有助于增强双方的信任感，促进更深入的交流和合作意愿。信任是国际商务谈判中至关重要的元素，因为它能够减少不确定性和风险感。为了营造缓和的氛围，谈判者可以在谈判前进行非正式的交流，以建立初步的信任基础。此外，在谈判过程中，适时表达对对方观点的理解和认同，也能有效地增强彼此的信任感。这种信任不仅有助于当前谈判的顺利进行，还能为未来的合作奠定坚实的基础。

通过适时的幽默和轻松的话题，可以有效降低谈判中的紧张情绪，营造友好的交流环境。幽默是一种强大的沟通工具，它能够打破僵局，缓解压力，使谈判者更容易接纳彼此的观点。然而，使用幽默时需注意文化差异，避免因误解而导致的尴尬或冲突。轻松的话题则可以在谈判间隙中进行，使双方在短暂的放松中重新调整心态，以更积极的态度继续谈判。这样的策略不仅能改善谈判氛围，还能增强双方的合作意愿。

识别并应对紧张信号，如对方的肢体语言和语气变化，能够帮助谈判者及时调整策略，避免冲突升级。肢体语言如紧握的拳头、频繁的眼神接触或突然加快的语速，常常是紧张情绪的表现。谈判者应敏锐地察觉这些信号，并通过调整自身的语气和姿态来缓解对方的紧张感。例如，适度的停顿和放缓语速可以传递出冷静和理性的态度，从而降低对方的敌意。通过这种方式，谈判者不仅能有效地化解紧张气氛，还能引导谈判朝着更理性的方向发展。

（三）关键议题的解决程度

谈判各方需要对核心议题进行深入分析，以确保这些议题在谈判过程中得到充分的讨论和解决。解决程度不仅是表面上达成一致，还包括对问题本质的理解和解决方案的深度探讨。通过对关键议题的解决，谈判各方能够更好地评估谈判的进展，并判断是否已接近成交的最佳时机。有效的解决程度通常意味着各方在主要问题上达成共识，从而为最终的协议签署奠定基础。

关键议题的明确性与可操作性直接影响着成交时机的判断。明确的关键议题有助于各方在谈判中保持清晰的方向，并集中资源和精力解决最重要的问题。可操作性的议题意味着在达成一致后，各方能够立即着手实施相关措施，推动协议的执行。谈判者需要确保议题不仅在理论上达成一致，而且在实际操作中具备可行性。这种明确性和可操作性为谈判的成功奠定了坚实的基础，使各方能够在达成共识后迅速行动，确保谈判成果的落地。

关键议题的优先级排序与影响评估是判断成交时机的重要步骤。在谈判中，各方需要根据议题的重要性和紧迫性进行优先级排序，以确保最关键的问题得到优先处理。影响评估则涉及对每个议题可能产生的后果进行分析，以便更好地理解其对谈判整体结果的影响。这种排序和评估有助于谈判者在复杂的谈判环境中保持清晰的战略视角，确保在关键时刻作出明智的决策，从而把握住成交的最佳时机。

关键议题的解决方案的可行性与成本分析是判断成交时机的重要因素。可行的解决方案需要在技术、经济和法律等多个维度上进行评估，以确保其在实际操作中能够顺利实施。成本分析则涉及对实施解决方案所需的资源投入进行全面评估，包括时间、资金和人力等方面的考量。这种分析帮助谈判者在达成协议前充分了解解决方案的代价和收益，确保各方在成交时机来临时能够作出理性的决策，从而实现谈判的成功。

关键议题的双方共识程度与认可度是成交时机判断的关键标准。共识程度反映了谈判各方在关键议题上的一致性，而认可度则涉及各方对达成协议的满意程度。高水平的共识和认可度通常意味着各方在主要问题上达成了广泛的理解和支持，为最终协议的签署创造了良好的条件。谈判者需要通过有效的沟通和协商，确保在关键议题上达成高度的共识和认可，以便在适当的时机推动谈判的顺利进行。

四、捕捉成交时机的技巧

（一）准确把握对方需求

通过主动倾听，谈判者能够深入了解对方的潜在需求和隐含意图。这种倾听不仅局限于对方直接表达的内容，更重要的是捕捉其背后的真实期望。这需要谈判者具备敏锐的观察力和理解力，以识别对方言语中的暗示和细微变化。通过这种方式，谈判者可以更好地调整自身策略，以实现双方的共赢。

运用开放式问题是引导对方表达具体需求的有效技巧。这类问题能够促使对方提供更多的信息，从而促进深入交流。通过开放式问题，谈判者可以获取更全面的信息，了解对方的真正动机和期望。这不仅有助于谈判者在谈判中占据主动地位，还能为制定更具针对性的谈判策略提供依据。在这种互动中，谈判者应保持耐心和开放的态度，以鼓励对方充分表达。

分析对方的行业背景和市场动态是识别其在谈判中利益驱动因素的重要手段。了解对方所在行业的趋势、挑战和机遇，可以帮助谈判者更准确地预测对方的需求变化和决策倾向。这种分析不仅可以增强谈判策略的针对性，还能使谈判者在谈判中更具竞争力。通过这种方式，谈判者能够更有效地满足对方的需求，从而促成交易。

利用非言语信号，如肢体语言和情绪表现，是判断对方真实态度和需求变化的关键。在谈判过程中，对方的肢体动作、面部表情和语气变化都可能透露其内心的真实想法和态度。谈判者需要敏锐地捕捉这些信号，并及时调整谈判策略，以应对对方态度的变化。这种能力不仅需要经验的积累，还需要对人际沟通的深刻理解。通过对非言语信号的准确解读，谈判者可以更灵活地应对谈判中的变数，最终达成双方满意的结果。

（二）善用开放式问题引导

开放式问题能够激发对方的思考，促使其更深入地表达需求和想法，从而获取更详细的信息。这种问题形式通常以“为什么”、“如何”或“能否描述”开头，鼓励对方提供更丰富的回答。通过这种方式，谈判者不仅能更好地理解对方的立场和需求，还可以发现对方未曾明确表达的潜在利益和期望。这对于制定更具针对性的谈判策略至关重要。

通过开放式问题，谈判者可以引导对方讨论其关注的核心议题，帮助双方聚焦于制订解决方案。这种方法不仅有助于厘清谈判的焦点，还能避免因误解而导致的沟通障碍。开放式问题的有效运用能够促使谈判双方在共同利益的基础上展开深入探讨，从而为达成协议创造更有利的条件。通过明确对方的核心关切，谈判者可以更精准地调整策略，确保谈判进程顺利推进。

善用开放式问题可以增强谈判的互动性，使对话更加生动，促进双方建立更强的信任关系。在谈判过程中，互动性和信任是促成交易的关键因素。开放式问题不仅能让对方感受到被重视和理解，还能激发其参与谈判的积极性。这种积极互动有助于消除彼此间的隔阂，增强合作意愿，进而提高谈判的成功率。良好的互动氛围往往是成功谈判的催化剂。

开放式问题能够揭示对方的潜在顾虑和期望，帮助谈判者及时调整策略以应对变化的谈判动态。在谈判过程中，形势往往瞬息万变，灵活调整策略是谈判者必须具备的能力。通过开放式问题，谈判者可以敏锐地捕捉到对方的态度和需求的变化，为下一步行动提供依据。这种动态调整不仅能增强谈判者的应变能力，还能确保谈判策略始终与实际情况相符，从而提高谈判的有效性和成功率。

（三）灵活调整报价策略

报价策略的灵活性不仅体现在价格的调节上，还包括对市场反馈的快速响应。面对瞬息万变的市场环境，企业必须根据市场反馈灵活调整报价，以适应竞争环境和客户需求的变化。这种策略要求谈判者具备敏锐的市场洞察力和快速反应能力，以便在市场条件发生变化时及时作出调整，从而保持竞争优势。

在谈判过程中，实时评估对方的反应和成交信号是调整报价策略的基础。谈判者需要细致观察对方的言行举止，从中捕捉潜在的成交信号，并据此判断对方的真实意图和需求。通过这种评估，谈判者可以及时调整报价策略，提升成交的概率。灵活的报价策略不仅能提高谈判的成功率，还能在一定程度上增强谈判者的谈判地位，使其在谈判桌上占据更为主动的地位。

制订多层次的报价方案是灵活调整报价策略的重要组成部分。通过提供不同的选择，企业可以满足不同客户的需求和预算，增加成交的灵活性。这种多层次的报价方案不仅能吸引更多的潜在客户，还能在谈判中为双方提供更多的谈判空间和可能性。谈判者应根据客户的具体需求和预算，灵活运用多层次的报价方案，以实现双方利益的最大化。

（四）利用暂停策略促成决策

暂停策略的应用可以让谈判者在关键时刻重新评估当前的谈判进展，确保作出更为理智的决策。在谈判过程中，时常面临复杂的局面和多变的环境，暂停不仅是一种缓冲的手段，更是一个战略的选择。通过暂停，谈判者能够暂时脱离紧张的谈判氛围，重新审视谈判的各个方面，包括利益、风险和可能的妥协点。这种策略尤其在涉及重大决策或长远影响的谈判中显得尤为重要。

暂停策略不仅为谈判者提供了思考的空间，还促使双方反思各自的需求和目标，从而更好地理解对方的立场。通过暂停，谈判者有机会从更宏观的视角审视谈判进程，识别出潜在的成交信号。双方在暂停期间可以独立进行内部磋商，重新评估谈判策略，甚至可能发现新的合作机会。这种反思和重新评估的过程，有助于双方更清晰地表达各自的立场和期望，从而在恢复谈判时，更加有效地推动谈判朝着双赢的方向发展。

在谈判中适时引入暂停，还可以有效打破紧张氛围，降低情绪化反应，促进理性讨论。谈判中情绪波动是常见的，而情绪往往会影响理性判断。通过暂停，双方可以冷静下来，避免因情绪冲动而作出不利的决定。暂停为谈判者提供了一个冷静期，使他们能够从容不迫地分析形势，调整策略。这种冷静的间隔有助于消除误解，缓和对立情绪，从而在恢复谈判时，创造一个更为理性的沟通环境。

暂停策略还可以看作一种谈判技巧，通过让对方等待，增加其对达成协议的渴望和紧迫感。适时的暂停不仅可以引发对方的思考，还可能激发其对谈判结果的期待。当一方在谈判中表现出从容不迫的态度，往往会给对方施加无形的压力，使其更加渴望达成协议。通过这种方式，暂停策略不仅能为己方争取更多的谈判筹码，还能在一定程度上引导谈判的走向，促使对方在恢复谈判时更愿意作出让步或妥协。

第二节　促成交易的策略与方法

一、谈判前的准备与信息收集

（一）明确谈判目标与期望

在国际商务谈判中，明确谈判目标与期望是成功的基础。谈判者需要详细界定其目标，这包括对交易的整体期望以及具体的核心利益，如价格、交货期和质量等关键因素。通过设定这些目标，谈判者可以在谈判过程中保持清晰的方向感。此外，设定可量化的目标是非常重要的，这样可以在谈判中评估进展和成果，从而及时调整策略以达到预期的结果。为了制定更具针对性的谈判策略，谈判者还需仔细考虑对方的期望与需求。这种对对方需求的理解不仅有助于构建更具建设性的谈判氛围，还能使谈判者在对话中更具说服力。

在谈判过程中，识别潜在的妥协点至关重要。这种识别能力有助于谈判者在谈判中保持灵活性，避免僵局的产生。灵活性是谈判中不可或缺的品质，因为它允许谈判者在不损害自身利益的前提下，适时调整策略以回应对方的需求和变化的谈判环境。此外，谈判者应制订应对不同谈判结果的备选方案，以降低风险和不确定性。这些备选方案不仅提供了不同的行动路径，还能在谈判陷入僵局时提供突破口。通过这种多层次的准备，谈判者能够更从容地应对谈判中的各种挑战，增加达成交易的可能性。

（二）分析对方的文化与谈判风格

在国际商务谈判中，分析对方的文化与谈判风格是至关重要的。文化背景深刻影响着谈判者的行为和决策方式，因此，理解对方的文化能够有效地避免误解和冲突。不同文化对沟通方式的偏好各异，有些文化倾向于直接沟通，而另一些文化则偏好间接的沟通方式。这种差异可能会影响信息的传递和解读，因此，在谈判前，了解对方的沟通偏好可以帮助谈判者更好地设计沟通策略，从而提高谈判的效率。

了解对方文化中的沟通方式，如直接沟通与间接沟通的偏好，对谈判的成功至关重要。在直接沟通文化中，谈判者通常会直截了当地表达自己的观点和需求，而在间接沟通文化中，谈判者可能更倾向于通过暗示或非语言线索来传达信息。识别这些差异可以帮助谈判者调整自己的沟通方式，以便更好地与对方建立信任关系，避免因误解而导致的谈判障碍。

此外，识别对方在谈判中重视的礼仪和习俗，以避免文化冲突，是谈判准备的重要环节。不同文化对礼仪和习俗的重视程度不同，例如，在某些文化中，正式的问候和礼节可能被视为尊重的表现，而在另一些文化中，过于正式的礼节可能被视为不必要的拘谨。了解这些细节可以帮助谈判者在谈判过程中表现得体，避免因文化误解而导致的尴尬局面。

此外，分析对方的决策过程也是谈判成功的关键因素之一。分析对方的决策过程，了解其是否倾向于集体决策或个人决策，可以帮助谈判者制定更有效的策略。在一些文化中，集体决策是常见的，决策过程可能需要经过多个层级的讨论和批准，而在其他文化中，个人决策更为普遍，决策者可能拥有更大的自主权。了解这些差异可以帮助谈判者调整谈判策略，例如，在集体决策文化中，可能需要更多的时间和耐心来等待决策的最终结果，而在个人决策文化中，谈判者可以更直接地与决策者进行沟通。

考察对方对时间的观念，明确其对谈判节奏和时限的态度，也是谈判准备的重要内容。不同文化对时间的看法差异较大，有些文化注重时间的精确性和效率，而另一些文化可能更看重关系的建立和谈判过程的质量。了解对方的时间观念可以帮助谈判者合理安排谈判的节奏和时限，避免因时间管理不当而导致的谈判失败。

（三）制订详细的谈判计划与策略

谈判计划不仅包括谈判的目标和期望结果，还应明确谈判的主要议题和优先级。这种明确性能够帮助谈判团队在谈判过程中保持聚焦，避免被次要问题分散注意力，从而提高谈判的效率。通过对主要议题的优先级排序，谈判者可以更有效地分配资源和时间，确保最重要的议题得到充分讨论和解决。

设计谈判的结构和流程是制订谈判计划中的另一个重要环节。有效的谈判结构不仅包括每个阶段的时间分配，还应明确每个阶段的讨论重点。合理的时间分配可以防止谈判陷入某个阶段的僵局，而明确的讨论重点则可以确保谈判的有序进行。通过这种方式，谈判者能够在有限的时间内最大化谈判的成果，同时也为应对突发情况预留足够的灵活性。

制定有效的沟通策略在谈判中同样不可或缺。清晰的信息传达和反馈机制的建立是确保谈判双方理解一致的基础。在国际商务谈判中，沟通策略不仅涉及语言的选择，还包括文化差异的处理和非语言信号的解读。通过制定详细的沟通策略，谈判者可以减少误解和信息偏差，从而提高谈判的成功率。

准备应对可能出现的异议和冲突的策略是谈判计划中的重要组成部分。异议和冲突在国际商务谈判中不可避免，但通过提前准备应对策略，谈判者可以在冲突出现时迅速调整谈判方向，避免谈判陷入僵局。这种准备不仅包括对可能异议的预测，还包括对解决方案的设计和谈判团队的角色分配。

二、谈判中的沟通与说服技巧

（一）建立合作而非对抗的谈判氛围

在国际商务谈判中，创造一个合作而非对抗的谈判氛围的目的是避免因对立情绪而导致的谈判破裂，进而提高达成协议的可能性。建立合作氛围需要谈判者从一开始就表现出开放和接纳的态度。通过积极倾听并尊重对方的观点，谈判者可以有效地减轻对方的戒备心。开放的沟通环境不仅能够促进信息的流通，还能增强双方的信任感。为此，谈判者应努力创造一个允许双方自由表达观点与意见的环境，以便更好地理解彼此的需求和期望。

在谈判中，运用积极的语言和肢体语言来传达友好和合作的态度是建立合作氛围的另一关键因素。谈判者的言辞应尽量避免使用可能引发对抗的词汇，而应采用鼓励性的语言，以促进积极的交流氛围。同时，肢体语言（如微笑、点头等）也能传递出一种开放和友好的信号，从而让对方感受到诚意和尊重。通过这些非语言的沟通方式，谈判者可以有效减少紧张情绪，促进双方在谈判桌上的良好互动。

设定共同的目标并强调双方的利益一致性，是增强合作意愿的重要策略。谈判者需要识别并明确双方在交易中的共同利益和目标，以此为基础开展谈判。这种策略不仅有助于减少对抗情绪，还能增强谈判者之间的合作意识。通过共同目标的设定，谈判者可以将注意力集中在如何实现这些目标上，从而避免因个人利益冲突而导致的谈判僵局。强调利益一致性，使得双方在谈判中更容易达成共识和妥协。

分享信息和资源是建立信任关系、减少对抗性的重要手段。在谈判过程中，透明度是建立信任的基石。通过分享相关的信息和资源，谈判者可以展示出自己的诚意和合作态度。这种开放的信息交流不仅有助于消除误解和猜忌，还能促进双方在谈判中更为坦诚和直接的沟通。信任关系的建立，使得谈判者能够在相对轻松的氛围中更为有效地解决分歧和矛盾，从而推动谈判的顺利进行。

引导讨论聚焦于问题解决而非个人对立，是促进建设性对话的有效策略。在谈判中，谈判者应尽量避免将分歧个人化，而是将讨论的重点放在问题本身及解决方案上。通过这种方式，谈判者可以避免因个人情绪而导致的对抗性局面。建设性对话的核心在于通过合作来找到双方都能接受的解决方案。谈判者应不断引导对话的方向，确保讨论始终围绕着问题的解决展开，以此来推动谈判的积极进程。

（二）运用逻辑与情感相结合的说服策略

谈判者需要在交流过程中展现出严谨的逻辑思维，同时融入情感因素，以达到更有效的说服效果。逻辑与情感的结合不仅能够使论点更具说服力，还能够拉近与对方的心理距离，增强沟通的亲和力和影响力。在这个过程中，谈判者需要对谈判对象的文化背景、价值观念和情感需求有深入的了解，以便灵活调整说服策略，实现预期目标。这种策略的成功运用不仅依赖谈判者的沟通技巧，还需要对人性的深刻洞察和对情感表达的精准把握。

在谈判中，运用数据和事实支持论点是增强说服力和可信度的关键。数据和事实作为客观依据，能够有效地消除对方的疑虑，增加论点的可靠性。在国际商务谈判中，谈判者应准备充足的资料和数据，以便在需要时能够迅速提供有力的证据。这不仅有助于证明己方立场的合理性，还能够在谈判中占据主动地位。通过数据和事实的支持，谈判者能够更好地引导谈判进程，逐步引导对方接受己方的观点和提议。与此同时，数据的选择和呈现方式也需要考虑对方的接受能力和文化背景，以确保信息的有效传达。

结合对方的价值观和情感需求，调整说服策略以实现更好的效果，是谈判中不可或缺的一部分。每个谈判对象都有其独特的价值观和情感需求，这些因素在很大程度上影响其决策过程。谈判者需要通过观察和沟通，深入了解对方的内在需求和外在表现，以便在谈判中作出有针对性的调整。通过迎合对方的价值观，谈判者能够更容易获得对方的认同和信任，从而在谈判中占据有利位置。情感需求的满足则能够增强谈判过程中的互动性和积极性，推动谈判朝着更为成功的方向发展。

在适当时机表达个人情感和态度，可以增强说服的亲和力和影响力。在商务谈判中，理性与感性并非对立，而是相辅相成的。谈判者在保持专业形象的同时，适时地表达个人情感和态度，能够拉近与对方的心理距离，建立更为紧密的合作关系。这种情感的表达需要把握时机和分寸，以避免过于情绪化或给对方带来压力。通过真诚的情感交流，谈判者能够在谈判中建立信任，增强说服力，从而更有效地推动谈判进程，达成双方满意的交易结果。

三、创造紧迫感与稀缺性

（一）利用有限时间打造紧迫感

设定明确的谈判截止日期能够有效增强对方的紧迫感，促使其快速作出决策。在谈判过程中，明确的时间限制不仅可以使谈判更加高效，还能在一定程度上迫使对方在有限的时间内权衡利弊，促成妥协方案的达成。通过这种方式，谈判双方可以更快地达成共识，避免因拖延而导致的谈判失败。

在谈判中引入时间限制的议题是另一种有效的方法。通过这种方式，可以激励对方在有限的时间内考虑妥协方案，从而加速谈判的进程。谈判者可以通过设定阶段性目标，逐步推进谈判的进展，使对方感受到时间的压力。这种策略不仅能够提高谈判效率，还能在一定程度上影响对方的谈判策略，使其更倾向于在有限时间内作出妥协。

强调资源的稀缺性也是提升紧迫感的重要策略之一。在谈判中，谈判者可以通过强调某些资源的稀缺性，提醒对方若不迅速行动可能会失去机会。资源的稀缺性不仅可以增加对方的紧迫感，还能提升谈判者的谈判地位，使其在谈判中占据更有利的位置。通过这种方式，谈判者可以更有效地引导谈判的方向，促成交易的达成。

利用阶段性成果展示是另一个提升时间紧迫感的有效方法。在谈判过程中，通过展示已经取得的阶段性成果，可以强调时间的流逝对谈判进程的重要性。此举不仅可以激励双方加快节奏，还能使谈判更加透明，增强双方的信任感。通过阶段性成果的展示，谈判者可以更好地掌控谈判节奏，促成交易的最终达成。

（二）制造稀缺产品以提高谈判价值

在国际商务谈判中，制造稀缺产品是一种有效的策略，可以显著提高谈判的价值感。通过限量版产品的推出，企业能够增强产品的稀缺性，从而在谈判中增加其吸引力和谈判价值。这一策略背后的逻辑在于，人们通常会对稀缺的资源产生更高的兴趣和需求。因此，通过限量版的策略，企业不仅可以提升产品的市场价值，还可以在谈判中占据更有利的位置。

在谈判过程中，强调产品的独特性和专属性是提升其市场稀缺性的重要手段。通过展示产品的独特卖点和专门设计，谈判者可以有效地激发对方的购买欲望。独特性不仅体现在产品的功能和设计上，还可以通过品牌故事、生产工艺等多方面进行展示。这样的策略可以使对方感受到产品的不可替代性，从而在谈判中更愿意作出让步，以获得这些独特的产品。

利用市场调研数据展示产品的稀缺性和需求热度，是另一种增加谈判筹码的有效方法。通过展示翔实的数据和市场分析，谈判者可以让对方意识到产品在市场上受到的追捧程度。这种数据驱动的方式可以帮助对方认识到快速决策的重要性，从而在谈判中加快决策过程，避免因犹豫而错失良机。

创造时间限制的促销活动也是增加产品稀缺性的一种策略。通过设定限时优惠或限量促销，企业可以在谈判中营造紧迫感，促使对方主动地作出让步。这种策略不仅可以提升产品的即时吸引力，还可以通过时间的压力，使对方在谈判中更倾向于快速达成协议，以抓住有限的机会。

（三）强调机会的唯一性和及时性

谈判者需要明确指出交易机会的独特性，使对方意识到该机会在市场中的稀缺性。这种独特性不仅体现在产品或服务的特殊品质上，更在于市场中难以再现的条件和环境。通过这种方式，谈判者可以有效地传达错过此次机会将难以再现的紧迫感，从而促使对方在谈判中更加积极地作出决策。

为了进一步增强这种紧迫感，谈判者可以通过展示市场趋势和需求数据，强调当前机会的时效性。市场数据不仅可以客观地反映出产品或服务的现状，还可以预示未来的发展趋势。通过这些数据的展示，谈判者能够让对方清楚地认识到，当前的市场机会是短暂的，若不及时把握，可能会因为市场环境的变化而失去。因此，这种数据支持的策略能够促使对方迅速作出有利于交易的决策。

此外，利用竞争对手的动态也是一种有效的方法。谈判者可以提醒对方，如果不及时采取行动，其他潜在买家可能会抢先获得这一机会。竞争对手的存在不仅增加了对方的紧迫感，还能通过对比，突出本次交易的优势和独特性。这种策略能够有效地激发对方的紧张感和紧迫感，使其更倾向于加快决策速度，以免错失良机。

为了进一步增强紧迫感，谈判者可以提出限时优惠或独家协议。这些策略通过时间限制和独家条件，使对方感受到立即行动的必要性。限时优惠往往能激发对方的购买欲望，因为这种优惠通常是短暂的，过期不候。而独家协议则能让对方感受到机会的独特性和不可替代性，从而加快其决策过程。

四、谈判后的跟进与关系维护

(一) 后续沟通策略

后续沟通策略的制定与执行不仅能够巩固谈判成果，还能为未来的合作奠定坚实基础。建立定期沟通机制是后续沟通策略的重要组成部分。通过定期的沟通，双方能够保持信息流通，及时反馈合作进展与存在的问题。这种机制不仅有助于解决潜在的冲突，还能确保双方对协议内容的理解一致，从而提高合作效率。

后续沟通策略还包括对谈判结果的总结与分析。在谈判结束后，双方应对谈判过程进行全面总结，明确各自的责任与后续步骤，以确保协议的有效实施。这一过程有助于识别谈判中的成功经验与不足之处，为未来的合作提供宝贵的参考。此外，明确的责任分工与后续步骤能够减少执行过程中的不确定性，提高项目的成功率。

在后续沟通中，维护良好的关系至关重要。通过非正式的交流与互动，双方可以增强信任感与合作意愿。非正式的交流形式多样，可以是电话、邮件，也可以是社交活动。这种交流不仅能够增进彼此的了解，还能为双方创造一个轻松的沟通环境，有助于化解可能的误解与矛盾，促进合作关系的长久发展。

(二) 长期关系建立

长期关系的建立不是依赖一次成功的交易，而是通过持续的沟通与互动来增强双方的合作意愿和信赖感。信任是长期合作的基石，通过透明和真诚的沟通，双方可以更好地理解彼此的需求和期望。在每次互动中，双方都应致力于传达清晰的信息，消除误解，避免潜在的冲突。持续的信任建设能够帮助双方在未来的合作中更灵活地应对挑战，促进合作关系的稳固发展。

定期组织业务回顾会议是维护长期合作关系的有效方法之一。这些会议为双方提供了一个平台来评估合作的进展，讨论当前遇到的挑战，并制订解决方案。通过这些会议，双方可以及时调整合作策略以适应市场变化。定期的回顾不仅有助于识别和解决潜在问题，还能增强双方的责任感和参与感，推动合作关系向更深层次发展。

信息透明度是长期合作关系中不可或缺的因素。通过共享市场信息和行业动态，双方可以更好地理解市场环境和竞争态势。这种信息共享不仅提高了合作的效率，还促进了共同决策的形成。信息透明度使得双方在合作中可以更加信任彼此的判断和决策，从而减少不确定性和风险，增强合作的稳定性和持久性。

在长期合作中，主动关注对方的需求变化是保持合作活力的关键。随着市场和业务环境的变化，合作策略也需要灵活调整。通过密切关注对方的需求，双方可以及时调整合作内容，以更好地适应变化的环境。这种灵活性不仅能满足当前的合作需求，还能为未来的合作奠定基础，确保双方在合作中始终保持竞争力和创新力。

（三）反馈与改进措施

定期收集合作双方的反馈意见是识别潜在问题的关键步骤。通过建立系统化的反馈机制，各方可以在合作过程中及时发现问题并进行调整。这不仅有助于解决现有问题，还能为未来的合作奠定更稳固的基础。反馈意见的收集应当多样化，可以通过定期会议、问卷调查、电话访谈等方式进行，以确保信息的全面性和准确性。

建立有效的绩效评估机制是确保谈判结果顺利实施的另一个重要方面。通过定期评估谈判结果的实施效果，各方可以确认各自的责任是否得到了有效落实。这种评估机制需要具备透明性和公正性，以便各方能够客观地审视合作进展。绩效评估不仅是对过去工作的回顾，也是对未来改进的指引。因此，在设计评估指标时，应充分考虑合作的各个方面，包括时间、成本、质量等因素。

在后续的沟通中，鼓励双方提出改进建议是增强合作灵活性和适应性的有效途径。开放的沟通环境可以激发各方的创新思维，从而找到更优的合作方式。为了实现这一目标，双方需要建立一种信任关系，使得每一方都愿意分享自己的观点和建议。通过这种方式，合作双方能够不断优化合作模式，适应市场变化，提高竞争力。

第三节　合同条款的谈判与确定

一、合同条款的基本构成与要素

（一）合同主体

在国际商务谈判中，合同主体是指参与合同签订的各方当事人。合同主体的明确是合同实施的基础，直接影响合同的合法性和可执行性。因此，在谈判过程中，各方需明确合同主体的身份，以确保合同的有效性。合同主体不仅包括自然人，还可以是法人或其他组织形式，这些主体的参与为合同的履行提供了不同的法律保障和经济保障。

合同主体在法律上被定义为合同关系中的当事人，其重要性体现在合同的成立、履行和终止等各个环节。合同主体的权利和义务是合同内容的核心，其明确性直接关系到合同的履行效果。在国际商务谈判中，识别和确认合同主体的合法身份和能力是确保合同顺利执行的前提。合同主体的选择和确认需要综合考虑其商业信誉、履约能力及法律地位等因素。

合同主体的法律资格与能力是合同有效性的关键要素。法律资格是指合同主体在法律上被承认的参与合同的资格，而能力则涉及合同主体在法律上履行合同义务的能力。在国际商务谈判中，确保合同主体具备合法的资格和能力是合同有效性的基础。各国法律对合同主体的资格与能力有不同的规定，因此在跨国合同中，需特别注意相关法律的适用问题，以避免合同无效或履行困难的情况。

合同主体的权利与义务分配是合同条款的重要组成部分。在国际商务谈判中，合理分配合同主体的权利和义务有助于实现合同的公平性和可操作性。谈判各方需明确各自的权利和义务，以确保合同履行的顺畅。权利与义务的分配应基于双方的实际能力和资源，同时应考虑合同履行过程中的风险分担问题，以实现合作的双赢局面。

在合同谈判中，合同主体的身份确认与信息披露是确保合同真实性和可靠性的关键步骤。身份确认包括对合同主体的法律地位、经营范围及其他相关信息的核实。信息披露则要求合同主体在谈判中提供真实、完整的信息，以便对方作出合理的商业决策。在国际商务谈判中，充分的信息披露可以降低交易风险，提高谈判的透明度和信任度。

（二）合同标的

合同标的通常是指合同中规定的交易对象或服务内容，其明确性和具体性是确保合同顺利执行的基础。合同标的的定义与性质决定了合同的履行范围和责任界限，确保各方在合同履行过程中有清晰的指引。为了避免未来可能出现的争议，谈判双方需要在合同标的的定义上达成一致，确保合同标的的描述清晰、准确且无歧义。

合同标的的数量、质量和规格要求是合同标的具体化的重要方面。在国际商务谈判中，这些要求不仅影响合同的履行成本和时间，还直接关系到合同履行的质量和效果。数量的确定通常需要考虑市场需求、生产能力以及双方的供应链状况。质量和规格则需依据国际标准或双方认可的行业标准进行界定。通过明确这些要求，双方可以有效减少因质量或规格不符而导致的合同纠纷，确保合同履行的顺利进行。

合同标的的交付地点与时间安排是合同履行过程中关键的操作性条款。交付地点的选择可能会影响到运输成本、关税以及其他相关费用，因此需要在谈判中详细讨论并明确。时间安排则关系到合同履行的节奏与效率，尤其在国际贸易中，时间的确定需要考虑到不同国家的时差、节假日以及运输周期等因素。通过合理的交付地点与时间安排，双方可以确保合同标的的顺利交付，进而保障合同的有效履行。

合同标的的价格条款与支付方式是合同谈判中最直接影响双方利益的部分。价格条款需要结合市场行情、双方的议价能力以及合同标的的具体要求进行详细协商。支付方式则涉及支付的安全性、便利性以及双方的资金流动性。在国际商务中，常见的支付方式包括信用证、电汇等，每种方式都有其优缺点，需根据具体情况选择最适合的方式。通过合理的价格条款与支付方式设计，双方可以在确保各自利益的同时，促进合同的顺利履行。

（三）合同期限

合同期限不仅是合同生效与终止的时间标记，也是对双方权利义务的具体限定。明确合同的有效期能够帮助交易双方合理安排资源、计划项目进度，并规避不必要的法律纠纷。合同期限的设定不仅影响到合同履行的连续性，还对双方的信任关系产生深远影响。通过清晰的期限规定，双方可以在合同执行过程中保持一致的理解，减少误解和潜在的争议。

合同期限的起始与结束时间的确定是合同谈判中的关键环节。准确界定合同生效的具体日期以及终止的时间点，能有效避免合同履行过程中的不确定性。双方在谈判中应明确合同何时开始生效，以便各自准备履行相应的合同义务。同时，确定合同的结束时间也至关重要，它不仅关乎合同的履行周期，还影响到双方在合同终止后的权利与义务。通过明确的时间界定，确保双方在合同签订前达成共识，避免在合同执行过程中产生不必要的争议和冲突。

合同期限内的延续条款是为了应对合同到期时可能出现的继续合作需求。

通过在合同中设定自动续期或延长机制，双方可以在特定条件下延长合作关系，避免因合同到期而导致的合作中断。这样的条款设计，通常考虑到项目的长期性或市场的变化性，为双方提供了灵活的选择空间。在谈判过程中，双方应就延续条款的适用条件、续期的时间长度以及相关的条款调整达成一致，以确保合同的延续符合双方的利益和预期。

合同期限的变更与解除条件是合同谈判中的重要内容，涉及合同履行过程中可能出现的变动情况。明确规定在何种情况下双方可以协商调整合同期限或解除合同，有助于在合同履行过程中应对不确定因素。变更与解除条件的设定，应充分考虑合同的性质、项目的复杂性以及市场环境的变化等因素。通过在合同中明确这些条件，双方可以在面临不可抗力或其他不可预见事件时，合理调整合同期限或解除合同，减少因合同履行困难而导致的损失。

二、价格条款的谈判策略

（一）定价方法

常见的定价方法包括成本加成定价、市场导向定价和价值定价等。成本加成定价是以产品成本为基础，加上一定的利润率，这种方法简单易行，但忽视了市场需求的变化。市场导向定价则是根据市场供需情况来确定价格，能够更好地适应市场环境的变化。价值定价则是基于客户对产品价值的感知来定价，强调产品的独特性和差异化优势。不同的定价方法适用于不同的市场环境和产品特性，选择合适的定价方法是谈判成功的关键。

定价策略在谈判中扮演着重要的角色，影响着谈判的进程和结果。心理定价、折扣策略和捆绑销售是常用的定价策略。心理定价通过设定特殊的价格点来影响客户的购买决策，例如将价格定为 9.99 元而不是 10.00 元。折扣策略则是通过提供价格优惠来吸引客户，但需注意折扣的幅度和时机，以避免损害品牌价值。捆绑销售则是通过将多个产品组合销售，以较低的总价来增加客户的购买意愿。在谈判中，合理运用这些定价策略可以有效地提高成交率。

在定价过程中，市场因素的考量至关重要。竞争对手的定价策略、市场需求的变化以及客户的购买力都是影响定价的重要因素。了解竞争对手的定价策略可以帮助企业在谈判中占据主动地位，避免价格战。市场需求的变化直接影响产品的定价空间，需密切关注市场动态以调整定价策略。客户的购买力决定了产品的价格上限，需根据不同的市场定位和客户群体制定相应的价格策略。

（二）价格调整机制

价格调整机制旨在应对市场环境的变化，确保合同双方的利益得到持续的保护。其重要性在于，它为合同的执行提供了一种灵活性，使双方能够在市场条件变化时，及时调整价格以维持合同的经济平衡。这一机制不仅能够减少因市场波动带来的风险，还能预防潜在的合同争议，从而增强合同的稳定性和可持续性。在国际商务谈判中，明确价格调整机制是确保合同可执行性的重要策略之一。

在国际商务合同中，价格调整的触发条件是合同双方需要明确的重要内容。这些条件通常包括市场价格的显著波动、生产成本的变化、汇率的波动以及其他可能对合同价格产生重大影响的因素。通过明确这些触发条件，合同双方可以在面对市场不确定性时，依据事先约定的条件进行价格调整，从而避免因市场变化导致的合同履行困难。这种预先设定的条件不仅有助于维护双方的利益，还能减少合同执行中的不确定性和争议。

价格调整机制的有效性在于其具体的计算方法，这直接关系到其可操作性和透明性。在国际商务合同中，价格调整的计算方法需要详细规定，以便双方在调整过程中能够遵循明确的标准。这包括基于市场指数的调整、成本加成法，以及其他量化标准。这些方法的设计应确保价格调整的合理性和公平性，并能够被双方清晰理解和接受，从而在合同履行过程中减少不必要的摩擦和争议。

为了确保价格调整过程的顺利进行，合同中需要明确规定通知与协商的流程。这包括在何时、以何种方式通知对方，以及协商的时间框架和沟通渠道。这样的安排可以确保双方在价格调整过程中保持有效的沟通，从而避免因信息不对称或沟通不畅导致的误解或争议。通过设定清晰的流程，合同双方能够在价格调整过程中建立起信任和合作的基础，确保合同的顺利执行。

三、交货条款的协商技巧

（一）交货时间

交货时间直接影响到合同的执行效率和双方的合作满意度。明确交货时间的具体要求是确保双方对交货日期达成共识的基础，这样可以有效避免因时间不明确而导致的误解和争议。在谈判过程中，双方应详细说明交货时间表的各个环节，确保每一个步骤都得到充分理解和认可。这种明确性不仅有助于避免纠纷，还能提升双方合作的信任度和透明度。

考虑交货时间的灵活性是谈判中需要关注的另一重要方面。设定合理的缓冲期可以帮助双方应对潜在的延迟和不可预见的情况，这在国际物流中尤为重要。由于国际运输涉及多种不确定因素，如天气、通关等，灵活的时间安排可以为双方提供必要的调整空间，减少违约风险。同时，这种灵活性也体现了双方对彼此业务能力和实际情况的理解与尊重，有助于建立长期合作关系。

在交货条款中，规定交货方式及其相关责任划分是确保交货顺利进行的关键。运输方式的选择应根据货物的性质、目的地的地理条件以及双方的成本承受能力等因素进行详细讨论。此外，责任的明确划分也是谈判中不可忽视的环节，包括运输过程中货物损坏、丢失等情况的责任承担。这些条款的清晰界定有助于减少纠纷，确保双方在交货过程中各司其职，顺利完成合同义务。

设定交货时间的违约责任是保障合同执行的重要措施。明确因未按约定时间交货所需承担的赔偿责任和处理方式，不仅有助于保护受损方的利益，也促使双方在合同履行中更加谨慎和负责。违约责任的设定应考虑实际操作中的可能性和公平性，既要体现对合同的严肃性，又要具备可操作性，以便在出现违约情况时能够迅速有效地解决问题。

在交货时间的协商中，充分考虑对方的生产和物流能力是制定切实可行的交货时间安排的基础。了解对方的生产周期、物流能力以及可能遇到的困难，可以帮助制订更为现实的交货计划。这种信息的共享和理解不仅有助于提高谈判效率，也为双方营造了一个合作共赢的良好氛围。通过这种方式，双方可以在合同执行中更好地协调资源，确保交货的及时性和可靠性。

（二）交货地点

交货地点不仅是货物交接的物理位置，它还涉及法律责任的明确划分。为了确保双方在交货地点的权利与义务上有清晰的理解，谈判者需要详细讨论并记录交货地点的具体信息。这种明确性可以有效避免未来可能出现的法律纠纷，确保合同的顺利履行。通过这种细致的协商，可以为合同的执行奠定坚实的基础。

交货地点的选择不仅影响法律责任，还直接关系到物流的便利性。为了减少运输成本和提高交货效率，谈判者需要仔细考虑交货地点的地理位置及其交通条件。一个物流便利的交货地点可以显著降低运输时间和成本，提高货物的交付速度，从而增强企业的市场竞争力。在这一过程中，谈判者应充分利用地理信息和物流分析工具，选择最优的交货地点，以实现经济效益最大化。

评估交货地点的当地基础设施与服务能力是谈判中的另一个关键步骤。交货地点的基础设施（如仓储、交通网络等）直接影响到货物的存储和运输效率。谈判者需要对当地的服务能力进行全面评估，以确保其能够满足交货要求。这种评估不仅包括硬件设施，还应涉及服务提供者的专业水平和响应速度。通过对基础设施与服务能力的深入分析，谈判者可以作出明智的决策，确保交货过程的顺利进行。

设定交货地点的变更条件是合同谈判中的灵活策略之一。由于国际贸易环境的复杂性，交货地点可能需要根据实际情况进行调整。谈判者需要在合同中明确规定在何种特定情况下可以变更交货地点，以及变更的具体流程和通知时间。这种灵活性可以帮助企业在面对意外情况时快速反应，减少潜在损失，并保持业务的连续性。

在交货地点的协商中，还需充分考虑双方的市场覆盖及客户服务能力。交货地点的选择应有助于扩大企业的市场覆盖范围，并提升客户服务水平。通过合理选择交货地点，企业可以更好地满足终端客户的需求，提高客户满意度和忠诚度。在这一过程中，谈判者应结合市场调研和客户反馈，制定出最符合市场需求的交货策略，以支持企业的长期发展目标。

（三）运输责任

卖方和买方在运输过程中的义务与权益需要明确界定，以确保双方对各自责任有清晰的理解。这种界定不仅涉及货物的交接时间和地点，还包括在运输过程中可能出现的各种问题的处理方式。通过这种方式，双方可以在合同中明确各自的责任，减少因责任不清导致的争议和纠纷，确保交易的顺利进行。

运输费用的承担方也是谈判中需要明确的重要事项之一。费用的承担可以由卖方、买方或双方共同承担，这需要根据具体的贸易条款来确定。明确运输费用的承担方不仅有助于双方在谈判中达成一致，还能有效避免未来因费用分摊不均而产生的争议。在国际贸易中，不同的贸易术语（如 FOB、CIF 等）对运输费用的分配有不同的规定，因此在谈判中需要结合具体情况进行详细的讨论和确定。

对于运输过程中货物损坏或丢失的责任划分，谈判双方需设定明确的赔偿机制。这种责任划分应考虑到货物在运输过程中可能遭遇的各种风险，并在合同中详细规定赔偿的条件和方式。通过明确的责任划分，当发生意外时，双方可以依据合同快速找到解决方案，避免因责任不清而导致的长时间争议。这不仅保护了双方的利益，也提高了交易的效率和可靠性。

运输方式的选择对责任的划分也有直接的影响。不同的运输方式，如陆运、海运或空运，其责任划分可能存在差异。例如，海运可能涉及海上风险，而空运则可能面临空中运输的特有风险。因此，在选择运输方式时，双方需要充分考虑各自的责任和风险，并在合同中作出明确的规定。这样可以确保在运输过程中，各方都能清楚地了解自己的责任范围。

建立运输延误的处理机制也是谈判中不可忽视的部分。运输延误可能由多种因素引起，尤其是不可抗力因素。谈判双方应在合同中明确因不可抗力导致的延误责任，以及相应的补救措施和赔偿条款。通过这种机制，双方可以在出现延误时迅速采取措施，减少对交易的影响，并在必要时进行合理的赔偿。这种机制不仅有助于维护双方的合作关系，也能提高交易的稳定性和可靠性。

四、付款条件的确定与保障

（一）付款方式选择

选择适合交易性质的付款方式，如预付款、信用证、货到付款等，能够有效降低交易风险，保障双方的利益。预付款通常适用于对交易方信任度较高的情况，而信用证则因其银行担保的特性，成为国际贸易中广泛使用的付款方式，尤其在买卖双方初次合作或信任度尚未建立时。货到付款则适合于双方关系稳固且信任度高的情境。通过合理选择付款方式，企业能够在交易中获得更大的安全感，减少潜在的经济损失。

评估付款方式的灵活性是国际商务谈判中不可忽视的因素。不同的交易规模和风险状况要求不同的付款方式，以增强双方的合作意愿。小规模交易可能更倾向于使用简单直接的付款方式，而大规模交易则可能需要更复杂的金融工具来保障交易的顺利进行。此外，灵活的付款方式能够适应市场的变化，帮助企业在复杂的国际环境中保持竞争力。在谈判过程中，双方应就付款方式的灵活性进行深入讨论，以确保其能够满足各自的需求和期望。

付款方式对现金流的影响是企业在谈判中需要重点考虑的内容。选择能够平衡双方资金周转需求的付款条款，有助于企业保持健康的财务状况。付款方式的选择不仅影响企业的资金流动性，还可能对其整体财务战略产生影响。例如，过于严格的付款条件可能导致资金链紧张；而过于宽松的条款则可能增加企业的财务风险。因此，企业在谈判中应综合考虑自身的现金流状况和对方的支付能力，选择最为合适的付款方式。

明确付款方式的相关费用是避免后续交易中产生争议的重要措施。在国际商务中，银行手续费、汇率差异等费用可能对交易成本产生显著影响。双方在谈判中应明确这些费用的承担方式，以防止因费用问题导致的纠纷。通过详细列明相关费用，企业可以更好地控制交易成本，确保交易的透明度和可预见性。这不仅有助于维护双方的合作关系，也为未来的合作奠定了良好的基础。

（二）付款期限安排

明确付款期限的起始与结束时间是确保双方对付款时间达成共识的关键。时间上的不明确可能导致误解，从而引发不必要的争议。因此，在合同谈判中，双方应就付款时间进行详细的讨论，并在合同中明确注明起始与结束日期，以确保各方在付款时间上没有歧义。这不仅有助于维护双方的信任关系，也为后续的合作打下坚实的基础。

设定合理的付款周期是付款期限安排的另一个重要方面。根据交易的性质和金额，设定适合的分期付款安排可以有效减轻双方的资金压力。分期付款不仅能够帮助买方缓解一次性付款带来的资金紧张，还能保证卖方在交易过程中持续获得资金支持。这样的安排需要综合考虑市场状况、企业财务状况以及交易风险等因素，以确保付款周期既能满足交易的需要，又不至于对双方的资金流造成过大压力。

在付款期限安排中，灵活性是一个不可忽视的因素。市场环境的变化或不可预见的情况可能会影响付款能力，因此，允许在特定条件下对付款期限进行调整是必要的。这种灵活性可以通过在合同中设定调整条款来实现，确保在发生变化时，双方能够及时沟通并达成新的共识，从而避免因付款问题导致的合作中断或纠纷。

违约责任条款是保障付款期限安排有效性的关键。在合同中明确因未按约定付款所需承担的赔偿责任及处理方式，可以有效防止违约行为的发生。违约责任条款不仅是对合同条款的补充，也是对双方履约能力的考验。通过细化违约责任，双方可以在出现违约情况时有据可依，迅速采取措施，减少损失。

（三）付款担保措施

付款担保的类型多样，包括银行担保、第三方担保和保险担保等。这些担保形式各有特点，银行担保通常由银行出具，具有较高的安全性和公信力；第三方担保则由独立于买卖双方的机构提供，能够在一定程度上规避双方的直接利益冲突；保险担保则通过保险公司提供保障，适用于特定风险的转移与管理。明确担保类型不仅有助于交易双方的信任建立，还能有效防范潜在的财务风险。

设定担保金额是确保担保措施有效的重要步骤。担保金额应足以覆盖潜在的违约损失，从而增强对方的信心。在实际操作中，担保金额的确定需要综合考虑交易金额、市场波动、历史违约率等多种因素。合理的担保金额不仅是对交易双方利益的保护，也能在一定程度上提高谈判的效率。此外，过高或过低的担保金额都可能对交易的顺利进行产生不利影响，因此需要在谈判中进行充分的沟通与协商。

建立担保的执行机制是确保担保措施能够有效运作的关键。执行机制应明确在发生违约时的索赔流程和责任，以便快速处理纠纷。这不仅包括明确的法律条款，还需要制定详细的操作流程，以确保在实际操作中能够迅速反应。执行机制的设计应充分考虑各方的利益，确保其公平性和可操作性，从而提高担保措施的可信度和有效性。

担保的期限同样是需要慎重考虑的因素。担保期限应与合同期限相匹配，以确保在合同有效期内提供持续的保障。过短的担保期限可能导致合同履行期间出现保障空白，而过长的期限则可能增加不必要的成本。在谈判中，双方应对担保期限进行充分讨论，以达成一致意见，避免因期限问题导致的后续纠纷。

五、违约责任条款的谈判重点

（一）违约定义

违约的定义不仅在法律上有明确的规定，也是合同谈判中双方最为关注的焦点之一。理解违约的基本概念及其法律含义，对于明确合同各方的权利和义务具有重要意义。在合同谈判过程中，清晰界定违约行为的范畴，有助于减少合同履行中的争议，保障合同的顺利执行。

违约的类型在合同履行中扮演着重要角色，通常分为根本违约和轻微违约。

根本违约指的是对合同履行产生重大影响的违约行为，可能导致合同的终止或解除。而轻微违约则是指对合同履行影响较小的违约行为，通常不致使合同终止。谈判双方需要在合同中明确界定这两种违约的标准，以便在违约发生时能够有效地采取适当的法律措施。这种分类不仅影响到违约后的法律后果，也决定了双方在违约情况下的权利和义务。

在违约责任的认定中，主观因素（如故意或过失）常常是争议的焦点。故意违约通常被视为更为严重的行为，其责任程度较高，可能导致重大的赔偿。而过失违约则需要根据过失的程度来确定责任大小。在谈判中，双方应充分讨论并明确合同中对于故意和过失的界定，以便在违约发生时能够迅速而准确地评估责任。这样的明确性有助于减少潜在的法律纠纷，提高合同的执行效率。

违约的客观因素则包括不可抗力和外部环境变化，这些因素可能导致合同的一方无法履行其义务。不可抗力通常是指那些无法预见、无法避免和无法克服的事件，如自然灾害、战争等。在合同中，谈判双方需要详细规定不可抗力的范围及其对合同履行的影响，以便在事件发生时能够合理地调整合同义务。此外，外部环境变化（如法律法规的变更）也可能影响合同的履行，双方需在合同中明确相关的免责条件，以便在变化发生时能够及时调整。

（二）违约赔偿

违约赔偿的核心在于确保赔偿基于实际损失，使赔偿金额合理且公正。谈判中，双方需明确违约赔偿的基本原则，这不仅是为了保护受损方的利益，也是为了维护合同的整体公平性。赔偿金额的确定应紧密围绕实际损失展开，避免因赔偿过度或不足而引发后续争议。不同司法管辖区对违约赔偿的认定标准各异，因此，谈判者需充分理解并利用这些差异，以制定符合双方利益的赔偿条款。

违约赔偿的计算方法是谈判中的另一个关键点。通常情况下，赔偿应涵盖直接损失和间接损失。直接损失是指因违约行为直接导致的损害，而间接损失则包括因违约而引发的进一步影响。谈判者需在合同中明确区分这两者，以确保赔偿条款能够全面反映违约的实际影响。许多国际合同纠纷的根源在于对损失范围的不同理解，因此，在谈判阶段对损失的定义达成一致尤为重要。

违约金条款的设定在违约赔偿谈判中同样不可忽视。明确约定的违约金数额及其适用条件，可以在违约发生时迅速执行，避免因争议而导致的拖延。谈判者需谨慎设定违约金，以确保其对违约行为具有足够的威慑力，同时又不至于过于苛刻而影响合同的履行。国内外差异在此表现得尤为明显，因此，谈判者需结合具体法律环境和行业惯例，灵活设定违约金条款。

赔偿请求的时效性是确保违约赔偿得以顺利实施的重要因素。合同中应规定违约方需在多长时间内提出赔偿要求，以避免因时间延误而导致的权利丧失。许多合同纠纷因时效性问题而复杂化，因此，在合同谈判中明确时效性规定，可以有效减少潜在争议。谈判者需在合同中设定合理的时效期限，以保障双方的合法权益。

（三）争议解决

争议解决不仅涉及合同履行过程中的具体问题，也关系到双方的商业关系与合作前景。因此，谈判时需明确争议解决的程序与步骤，以确保双方在发生争议时有清晰的处理流程。通过设定详细的步骤，各方可以预先知晓在争议情况下应采取的行动，避免因程序不明确而导致的误解和冲突。这种明确性有助于减少不必要的摩擦，提高争议解决的效率。

在争议解决中，设定时间框架是另一关键点。合理的时间安排可以确保争议在可控的时间内得到处理，避免因拖延而导致的合作中断或损失扩大。时间框架的设定应结合争议的复杂性和双方的实际情况，既要保证充分的时间进行调查和分析，又要防止因时间过长而影响合同的整体执行。通过设定明确的时间节点，双方可以更好地协调资源和安排，确保争议解决过程的顺利进行。

选择适当的争议解决机制至关重要。调解、仲裁和诉讼是常见的争议解决方式，各有其优缺点。调解通常较为灵活，成本较低，但可能缺乏法律约束力；仲裁则提供了一种较为正式的解决途径，具有法律效力，并且过程相对保密；诉讼虽然最终结果具有法律强制力，但过程可能较长且费用较高。因此，在谈判中，双方应根据具体情况灵活选择适合的争议解决机制，以便在争议发生时能够有效地应对和处理。

建立有效的争议解决沟通渠道是确保信息畅通的关键。良好的沟通可以帮助双方在争议发生时及时交流信息，反馈意见，避免因信息不对称而导致的误解和矛盾升级。沟通渠道的建立需要考虑多种因素，包括语言、文化差异以及技术手段等。通过建立多层次的沟通机制，双方可以在争议解决过程中保持开放和透明的态度，从而提高解决效率。

参考文献

[1] 刘园. 国际商务谈判 [M]. 7版. 北京：首都经济贸易大学出版社，2024.

[2] 黄音频. 商务沟通在跨文化国际传播中的应用 [M]. 北京：中国书籍出版社，2024.

[3] 刘宏，白桦. 国际商务谈判 [M]. 5版. 沈阳：东北财经大学出版社，2024.

[4] 房娟. 国际商务谈判中的跨文化比较研究 [M]. 北京：中国书籍出版社，2024.

[5] 刘丹. 跨文化商务交际导论 [M]. 北京：外语教学与研究出版社，2023.

[6] 苏琳. 国际商务谈判实训导学（双语版）[M]. 2版. 北京：北京理工大学出版社，2023.

[7] 李月娟，韩海英. 国际商务谈判 [M]. 西安：陕西人民出版社，2022.

[8] 周杏英. 国际商务谈判（英文版）[M]. 北京：对外经济贸易大学出版社，2022.

[9] 何华安. 国际商务谈判 [M]. 沈阳：东北财经大学出版社，2022.

[10] 刘睿伣. 国际商务谈判 [M]. 西安：西安电子科学技术大学出版社，2022.

[11] 姜继红. 中小企业对外贸易谈判 [M]. 西安：西安电子科学技术大学出版社，2022.

[12] 殷向洲. 商务谈判理论与技巧 [M]. 武汉：武汉理工大学出版社，2022.

[13] 窦然. 国际商务谈判（英语）[M]. 上海：复旦大学出版社，2021.

[14] 肖文萍. 国际商务谈判 [M]. 3版. 北京：北京对外经济贸易大学出版社，2021.

[15] 凌云. 国际商务谈判与沟通 [M]. 3版. 沈阳：东北财经大学出版社，2020.

[16] 曾珍，刘欢，王艳萍. 国际商务谈判 [M]. 芜湖：安徽师范大学出版社，2020.